「相即」の哲学者
本多正昭

その人間学の射程

橋本裕明・安松聖高・佐藤泰彦
吉田眞一・定本ゆきこ・藤野昭宏
相即人間学会 編

行路社

はじめに

本多正昭先生とは一九七二（昭和四七）年の四月、非常勤で来ておられた南山大学の「人間関係の論理」の講義ではじめてお会いした。その穏やかで丁寧な語り口と内面的な深さに、われ知らず不思議な感動を覚えた。他の授業では得られない体験であったからだ。テキストは、山縣三千雄氏の『人間――その幻像と世界』（春秋社）であったが、後に、筆者自身の研究を進めるなかで、著者がシェークスピアや神秘主義の研究者であることを知った。テキストの内容は、ダンテの『神曲』を範にとり、人間存在を形而上学的観点のみならず、さらにレンジを広げて歴史的、社会科学的次元でとらえ、深く掘り下げて探究したものであった。先生はこれを、本務校の神戸海星女子学院大学の同僚であった森信三教授から勧められて選ばれたらしい。しかしこのテキストの人間学的アプローチは、まさしく先生自身が最大の関心を持っておられた立場でもあった。その意味で、適切な選択であったのであろう。先生は、人間実存そのものへの問いに人生を賭けられたと言ってよい。その哲学研究はたしかに学問的体系を目指すものではなかったが、人間とは何か、人間はいかに生きるべきかを問い続けて「即」の論理と出会い、そこから独自の人間学を提唱され、その立場を教育実践に応用された。先生はカトリック信徒としての使命を自覚し、学生を人間的真理に導く教育に献身され、多くの人々に影響を与えられた。それは狭義のキリスト教を越えた、仏教を含む他宗教の人間観についての深い理解に基づく立場であった。

先生は、学問的次元では、西欧的キリスト教を東洋的立場から再解釈して、「東洋神学」として提唱することを課題とされた。それは、ギリシア的な対象論理を自らの教義構築に採用して理論武装せんとした西欧教会の立場に対する、東洋人としての異議申し立て、あるいは穏当な言い方をするならば提案であった。それは、絶対者である神と被造物たる人間のあいだの決定的な差異、中世的な意味で、神は唯一の実在で人間は存在としては無であるとする、厳然たる主張に向けられた一種の反論であった。それは、相対的存在である人間に対する絶対者である神の無限の愛、包摂の姿勢が同時に本質を形成していることを強調する立場であった。それは「不一不二」と表現されるものであり、神は人間を無限に超越すると同時に、無限に一致し、無限に一致すると同時に無限に超越することを述べている。この一致こそ愛の働き、救いを意味する。この働きこそ神の本質であると、先生は生涯を通して強調してこられたのである。先生はこの超越者と人間の関係の論理を、仏教の「即」の論理によって学ばれた。それは、華厳経典などの仏典や、西田幾多郎の絶対矛盾的自己同一や逆対応、鈴木大拙の即非と通底する立場であるが、それをさらに独自に展開されたと言ってよい。それが、先生の「可逆即不可逆・不可逆即可逆」であった。先生はこの立場に、学問的思索によるのみならず、長年にわたる坐禅の行を通して体験的に到達されたのである。先生のこの立場は、キリスト教の側でも反響があり、同様の思想的境位を表明する学者たちも出ている。それゆえ先生の学問的功績および貢献には大なるものがあり、将来のキリスト教神学の展開と深化の意味でのみならず、宗教間対話の観点においても、重要な議論の場を提供することであろう(1)。

本書は、カトリックの哲学者、本多正昭の人生をたどり、その学問的業績と教育実践を紹介する試みである。先生は生前、ご自身の前半生についてはあまり語られなかった。それでも、産業医科大学を退職される頃に、筆者に二篇の大部の手記である「愛の省察」(原稿用紙四二字×一四行、全二〇六頁)と「痛みの省察」(同、全一九四頁)を手渡された(以下、前者の引用はⅠ、後者はⅡとする)。これは先生の若き日の、疾風怒涛と形容すべき内面の記録である(2)。これを小著第一部の「生涯」の記述に多く採用した。また、先生の異母弟であられる本多強氏(故人)がまとめられた本多家系図も、小著にとっては不可欠の重要な資料となるので、参考にさせていただいた。

さらに昨年八月に、ご子息である本多智毅氏より、「父の遺志を世に残していただけたら幸いです」という言葉とともに、先生の遺稿から、先の二編に続く手記「熊本時代」(原稿用紙四二字×一四行、全一三二頁)と「神戸時代—その1」(同、全一四三頁)、「神戸時代—その2」(A5ノート、全九五頁)、「神戸時代—その3」(A5ノート、全八一頁)、「神戸時代—その4」(B5ノート、全二一頁)、「神戸時代—その5」(B5ノート、全六一頁)を見つけてお送りいただいたので、これらも伝記資料として用いることができた(ここからの引用は順に、Ⅲ、Ⅳ、Ⅴ、Ⅵ、Ⅶ、Ⅷとする)。

先生のその後の生活面と思索の記録については、伝記的資料の欠落により(3)、記述が不十分とならざるをえない。そのことを前以てお断わりしておきたい。

先生は、学術論文、研究書、啓蒙書（教科書のテキスト）、エッセイなど多数を残されたが、概説書をめざす小著はその中から、先生が自身の哲学思想の基礎とされた「相即」の論理を中心に、その到達への経緯とその独自の学問的展開、「相即」に基づく教育実践の内実を示す主要な六つの著作を取り上げ、第一部の「生涯」に続く第二部「思想」として、本多哲学への導入としたい。

第二部は、【1】思索、【2】教育の二部構成とし、【1】ではまず第一章で、思想形成の過程をたどる哲学論文集『神の死と誕生』（一九九二年）を先行させ、第二章では、「即」の論理との出会い後に講義用テキストとして書かれた『比較思想序説』（一九七九年）、さらに第三章では、相即的東洋神学の論理を仏教者との対話において明確にした小著『超越者と自己』（一九九〇年）、最後の第四章では、エッセイ風の短文集『キリスト教と仏教の接点』（二〇〇七年）の解説を試みる。

さらに【2】では、第五章で先生の教育の人間学的立場を示す『人間とは何か』（一九九二年）を取り上げ、第六章では医学生教育を内容とする『死生観と医療』（二〇〇八年）について概評する。そのさい本書の執筆者が必ずしも原著の全章を取り上げているわけではないことをお断りしておきたい。その場合には、解説する部分をローマ数字の順番で示す。本書各章の冒頭には、執筆担当者の名を掲げる。

なお本書では、アウグスティヌスとアウグスチヌス、ヴァチカンとバチカン、ギリシアとギリシャなど、異なる表記を用いている場合があるが、それは多くの場合先生の論文や著書の表記をそのまま生かしたためである。この点で各執筆者の表記とは異なることがあることを指摘しておきたい。

この小著によって、相即の哲人であった本多正昭先生の人生と思想を、広く江湖に紹介することができれば、学会員一同にとってこれ以上の喜びはない。

二〇二四年三月

相即人間学会代表　橋本　裕明

注

（1）同様の方向で研究を続けてきた研究者には、奥村一郎、小野寺功、門脇佳吉、滝沢克己、八木誠一の各氏らがおり、それぞれ重要な学問的業績を残している。

（2）この二編の手記の「はしがき」には次の記述がある。

「私の二十四才の手記『愛の省察』は、回心という一種の奇蹟的な恩寵により、全ての過去が一挙に照らし返されたときの所産であり、従ってそれは、神に対する痛悔と賛美のいけにえにほかならなかった［…］。かつての『愛の省察』が私の『回心録』であり、回心の恩人、田辺重三先生を通じて神に捧げられたものであるとすれば、この『痛みの省察』は、私の〈挫折録〉とも言うべきものであり、私の挫折の痛みに終始キリストの託身的共感と巨視的観点からの激励を惜しまず与えて、私の使命を自覚させて下さった森信三先生を通じて神に捧げられるべきものである。願くは、神以外の何者をも憚らず、神が私を知り給う如くに自己を赤裸々に告白し得んことを。昭和四十四年一〇月記」

（3）先生は筆者宛の手紙で、手記は全部で十篇あると述べておられたが、結局全部で八編しか見つかっていない。

目次

第二部　思想　45

第一部

生涯

一　家系の重圧

本多先生は、一九二九（昭和四）年、日本統治下の朝鮮京城（現ソウル市）で生まれた。本籍は長崎県南島原市であるが、親族は第二次大戦中に「一旗上げようとして」[1]大陸に渡ったようである。もともと本多本家は素封家であったようだ。先生は実母と四歳で死に別れた。面影も知らぬ母への愛慕の念は、先生の胸に生き続けた。先生が生涯にわたって超越的な次元への憧憬を抱き続け、形而上学的思索に没頭されたのも、このこととは決して無関係ではないと思われる。それはたとえば、鎌倉新仏教の創始者であった親鸞や道元の場合と一脈通ずるものであったにちがいない。

先生は敗戦直前の一九四四年に帰国し、[2]旧制島原中学校の三年に編入した。通学途上の電車の中で、口之津の曹洞宗玉峰寺[3]の前住職である中村興正師と出会われ、生涯にわたって親交を深められた。後年先生は師を、禅とキリスト教懇談会のメンバーに推薦されている。

先生の自宅は南島原市の白木野の本多本家であり、そこから通学されたようである。帰国後一年ほどで父の甚人氏が病死された。まだ五十歳の若さであったが、死の直前に、先生に「誰を信ずるか」（I一九一頁参照）が大事だと言われた。先生は後年、手記「愛の省察」において、「父の死は、魂の唯一の家郷を失ったことを意味した。〔…〕私があがき求めて彷徨い続けた魂の家郷は、逆に神以外の何処にもあり得なかったのである」（I一九一頁）と、将来の方向性を予感しておられたようだ。父の死によって、未だ十六歳の先生は、突然、親族の推挙で本家の総領に立てられた。先生の意思を全く確認しない強引なものであった。もともと才気煥発で勉学に秀でた子供ではあったが、年齢からして当然世間知には疎かったのである。それでなくとも先生は性格上、そうした事柄を対処するのは不得手であったはずである。案の定、複雑な親族関係の中で頻発する諸問題に翻弄されることになった。本家の跡取りとなった先生は、家庭に実弟と継母と異母弟を抱え、彼らの生活上の責任を負う立場にあったが、家族内の不和に加えて、引き挙げ後に本家に寄留していた叔父たちから様々な面で干渉をうけ、精神的に消耗するようになった。青年期の先生に特徴的であったペシミズム的な心情は、ドイツロマン派の著作などの多読の影響もあったであろうが、何よりもこの親族内の不幸を背負い込まねばならなかった境遇から来ていたと思われる。やがてそれはニーチェのニヒリズム思想への耽溺につながっていった。

先生は島原中学を卒業すると、一九四六（昭和二一）年四月に長崎経済専門学校（現、長崎大学経済学部）に入学した。社会科学系の学問に不向きであったと想像される先生が、なぜこの進路を選ばれたのであろうか。どうやらそこには叔父たちの勧めがあったようである。おそらく家庭の経済的安定が求められたのであろう。また「境遇、財産、学歴、家庭、既成観念その他の道徳制度などいっさいのもの」（Ⅰ四七頁）からの逃避を願っておられた可能性もある。しかし進学したものの学生生活は楽しいものではなかった。経済学への関心が低いがために授業の出席率も悪く、文学や哲学の読書ばかりに没頭して、詩や小説などを書いていた。寮の友人との人間関係も劣悪となり、先生は自殺の観念につねに脅かされていたようだ。

そうした中で、先生に人生を大きく転換させる出会いが生まれた。一九四八年五月に、長崎唐八景の山頂で京城引揚げ学生の会合が催され、それに「自分を紛らわす」（Ⅰ四八頁）ために参加されたのである。そこで一人の女性——手記では「ミスS」と呼ばれている——と出会われた。それは初恋でありながら先生の魂に深い痕跡を残した。先生にはこの女性は神から与えられた自己の存在の半身であると思われたが、やがて神の使いという意味での天使と解釈されるに至った。彼女は三度の偶然の出会いを経てやがて先生の愛と憧れの対象となり、その思慕の年月は数年間も続いた。それでも結局、先生の思いは女性には届かず、出した二通の手紙がそのまま大きな封筒に入って返送されてきて、すべては終わった。だが先生にとって彼女は「永遠に女性的なるもの」(ゲーテ)の象徴となり、そこから豊かな人間観が紡がれた。しかしこの愛の事件には、先生自身の実存的な問題が潜んでいた。それはやがて恩師に喝破されることになる。ともあれ先生は、学業に専念はできなかったが、経済専門学校を優秀な成績で卒業した。それでも経済学とは永遠に縁を切るために、全てのノートを焼却されたようである。そして東京文理大学を受験されたが、不合格になると一転して、難関であった藤倉電線株式会社の試験を受けて社会人になられた。会社の業務内容も十分に調べないまま、ただ上京したいばかりに受験されたようである。その時の心境を、「生きるために自己の観念癖を呪い、真理も何もなくてかまわぬ、ただ馬鹿のようにカラカラと心から笑える愚か者になりたいと願い、全く未知の、全く極度的な大現実の中に自己を投げ出したかった」(I六三頁)と回想されている。会社員生活は仕事も人間関係も表面上はうまく行き、職場の組合の代表にも選ばれた。だが内面は、太宰治をむさぼり読んで多摩川の心中を願うほど虚無的であられた。便所で一人哭いていたと述懐されているのが真情を伝えていて痛々しい。この会社員生活も三か月しか続かなかった。

この東京時代に、故郷の白木野の家では親族内の問題が生じ、先生はさっそく一人の叔父に呼び戻され、問題の対処に翻弄されることになった。結局、先生の奔走もあって事件は大過なく円満に解決された。その後先生は一九五〇(昭和二五)年の一月下旬に、鶴鳴女子高校に着任される。そこで経営危機の学園運営をめぐる闘争に巻き込まれ、生徒たちと共に執行部と闘争するが、敗北した。この件の詳細は割愛するが、先生は女子生徒と純粋に戦えた感動を鮮明に覚えておられる。そして翌年の四月に帰郷して、口加高校の教諭となられた。学校では二学年の実弟に社会を教え、一年生の異母弟には国語を教えておられた。だが七月末に、家庭内での離縁問題が起こると、先生はこれを機にニーチェの積極的ニヒリズムの立場から力を得て、親族の多くに相談しないまま、義母と異母弟に財産を分け、本家を無断で処分されたのである。こうして先生まで十代続いた本多本家は消滅した。先生と実弟は、姉の嫁ぎ先に身を寄せた。先生は親戚一同から激しい非難を浴びながらも、一九五二(昭和二七)年に九州大学の編入試験に合格して、念願の哲学研究を始められることとなった。そこでは田辺重三教授との運命の出会いが待ち受けていた。

二　宗教的回心

先生は入学当日に、スピノザの「神は自己原因である」(『エティカ』第一部)という命題に出会って(I 一三九頁参照)、自分の思想が「宗教的な雰囲気によって拘束されることを耐え難く思った」(同頁)と述懐されている。「神は一つの憶測である。汝らの憶測が汝らの創造の意志を凌ぐことの無からんことを」（同頁）と弛まず説き続けたニーチェの弟子であり続けようとされていた。先生は哲学科では、田辺重三教授、滝沢克己教授、デルニエ講師から学ばれたが、とりわけ田辺教授に私淑された。先生は偶然が重なってカトリック研究会に通うことになられたが、それも「信者たちの虚偽を暴く」（Ⅰ一四〇頁）機会に利用しようとされた。それでも本家の難事の対処で先生の魂は完全に疲れきっており、もはやニーチェの積極的ニヒリズムにも徹しきれないようになっていた。それにミスSから無言の拒否ともとれる返信が来て、今や先生は、「神無く、ニーチェ無く、ミスS無く、自己無く、あるはただ枯木に吹きつける凩ばかり」（Ⅰ一五九―一六〇頁）という心境であった。

そうしたなか、ついに運命の日一九五三（昭和二八）年の六月十四日が訪れた。

その日先生は、田辺教授に随伴して教会を訪れ、帰途に教授室に寄られた。そこで先生は、田辺教授から、その「心から物を言わない態度」（Ⅰ一八一頁）について、「君には言葉がない」と非難された。(4) 先生はその時の自分の様子を、「しびれるような羞恥を感じて顔も歪むほど」（同頁）だったと述懐しておられる。「教授に対してすら自分自身の言葉を知らず、自分自身を押し隠し、空虚きわまる弁舌と、無恥きわまる醜態を演じて先生の御人格に甘えていた」（同頁）。そして先生は思わず、ミスSの件を包み隠さず赤裸々に語られたのであった。これこそ先生ご自身の正真正銘の言葉であった。先生はその時の教授の反応をこう語っておられる。「真剣に聞いてくださった。語る私よりもはるかに真剣に先生は聞いてくださった。奥の奥まで見通すように灰色に光っていたあの時の先生の瞳を、私は生涯忘れえないであろう。その瞳の中に、私は死を越えた永遠の生命を感じた」（Ⅰ一八二頁）と。こうして先生は、「自分自身ですら処理しかね、自分自身にすら深く隠していた愛――それはつまり、私に最も困難なる私自身の生命でもあるが、それを理解して下さる方を、はじめて見出すことができた」（Ⅰ一八三頁）のであった。その告白を聞いたあと、教授は「君はきっと神を見出すだろう」（同頁）と予言された。こうして先生は、田辺教授の前で赤裸々に自己を告白されたのであるが、それは決定的な自己否定であって、自己を超えた次元、すなわち神からの照らしによってはじめてなされえたのであった。それは、先生の「あらゆる人間的な懐疑や批判や良心を越える、偉大なる〈赦し〉であり〈救い〉」（Ⅰ一八九頁）であった。かつて生まれた「一女性に対する愛の賛嘆が、虚無的な満五年を経て、神に対する愛の驚嘆として蘇ってきた」（Ⅰ一九一頁）ことに、先生は神の摂理を読み取られたのである。

先生はこうして神と出会われた。この決定的な出会いは、その後の先生の人生を決定づけることになる。先生はついに信仰の人となられたのであったが、神の死＝神の否定を主張し続けた心酔の師ニーチェを否定し去ることはなかったと思われる。なぜなら先生の目からすれば、「ニーチェもまた、神の与え給うた使命を、かの悲痛なる生涯を通じて果たした」（Ⅰ一九九頁）人間であり、先生自身この哲学者を通して、「神無き時代の悲惨を知り得た」（Ⅰ二〇〇頁）からであった。先生の肩に重くのしかかった不遇も、ニーチェなしには決して耐えきることはできなかったのである。また先生にとって、イエス・キリストは決してこのニーチェの対極にあるのではなかった。ニーチェの運命愛の激しさは、先生において、キリストの愛の烈しさと決して無縁のものではなかったからである。

こうして先生は、一九五三（昭和二八）年の十二月十八日に、田辺教授を代父としてデロリエ神父から受洗された。洗礼名は、回心の仲介者となったラテン教父のアウレリウス・アウグスティヌスであった。

三　ドミニコ会士から教師の道へ

大学四年で信仰を得た先生は、故郷の白木野に帰り、今は廃屋となった離れに起居して回心の恵みを味わっておられた。結局、ミスSへの愛慕は実らなかったが、先生自身に本当の自分を取り戻してくれたという意味で、その存在は特別であったのだ。田辺教授の魂を切り裂く言葉も、先生の精神的死を救う絶妙な一手となったのである。こうして霊的再生を体験された先生であったが、まもなく親友が自殺し、信仰が試されることになった。(5)

さて先生は一九五五（昭和三〇）年四月、回心の産婆役となってくれたアウグスティヌスをさらに研究しようと大学院に進学した。(6)だが研究が進むにつれて大きな問題に逢着した。たしかにアウグスティヌスを介して霊的にも知的にも大きな恵みが与えられたのであったが、さらに信仰に関して別の検証を必要とする課題が生まれたのである。先生はそれを、「次第に自然と超自然との限界が不明瞭となり、超自然の前にキエティズム的な受け身の姿勢しか取れなくなりつつある自己を発見した」（Ⅱ三二頁）と述べておられる。この問題意識は、神が人間に与えた自然理性への価値回復の可能性を問う試みにつながった。それはニーチェのいう、キリスト教の非生命 Unleben を否定する挑戦でもあった（同頁）。そこで、すでに修道生活への献身を決意していた先生は、ドミニコ会に入ってトマス・アクィナスの自然神学を修めることを考えるようになられた。先生は田辺教授に相談された後、教授の承諾を得て、仙台の修道院に向けて福岡を発たれた。一九五七（昭和三二）年二月二十七日のことであった。四月二十二日には着衣式が行われ、先生は十字架のヨハネを修道名とされた。ドミニコ会に入会される先生がなぜ洗足カルメル会の聖人名を選ばれたのか、これが実に興味深い。たしかに先生はスコラ哲学の研究のためにドミニコ会に入られたのであるが、その信仰的生はむしろカルメル会の神秘的霊性に培われていたからである。そのことは、後にドミニコ会での修道生活が自分には合わないと自覚されたときに、洗足カルメル会への転籍を希望されていた事実にも示されているし、先生自身が生涯、否定神学の神秘主義的霊性を重視しておられた点にも見受けられる。また先生が終生、宗教間対話は各宗教の神秘主義的次元において推進されうるという確信を抱いておられたことも忘れてはならないであろう。

さて仙台での短期間の修道生活であるが、ここでは「飽食に怠惰」と先生自身が厳しく指摘しておられるように、願いどおりの厳格な修練の指導は受けられず、ひどく落胆されたようである。また、修練長であった、とある神父の生活態度が先生にとっては躓きの石となった。ともあれ、先生はここで数か月を過ごして、一九五八（昭和三三）年八月に香港に派遣されることになる。横浜でフランス船のカンボジャ号に乗り込み、一路ローザンビル修道院を目指した。修道院にはアジア各国からの学生が来ていた。食事が質素であった点はうれしかったようである。この香港時代の日常は、手記「痛みの省察」に詳しく綴られているが、その内省は非常に混乱しており、苦痛に満ちたものであったことがうかがえる。そうした中で、先生は知的な屈辱感と精神的な遺棄感に苦しめられ、信仰的試練に追い込まれた。「私のように、特に気質上知的要求の強い人間には、言語障害による知的暗黒ほど耐えがたいものはなく、黙想会がすんでいよいよ哲学の前期に入るに及んでついに私は身体に変調を来たした。神経の酷使のため一ケ月ほど下痢が続き、のどがはれ、痔にも細長い出来物ができた。下痢がおさまった頃から吐気がはじまり、腹がガスのために膨張しはじめた。私の腹はふくれ上がり、修道服を着ていても他の修士たちの目についた」（Ⅱ五〇頁）。この吐気は、その後マニラに移ってさらに悪化し、嘔吐は習慣となり、日本に帰国した後にも五年ほど続いたようである。

結局先生は、香港で十か月間生活してから、次に一九五九（昭和三四）年の六月にマニラのサント・ドミンゴ修道院に派遣されたが、体調は悪くなるばかりであった。すでに空港に到着した時にその人々の歓声と初夏のひどい熱気に圧倒され、吐気をもよおした。学校生活は最も暑い時期に毎朝四時間、ラテン語とスペイン語と英語の授業が課され、毎日、熱気と頭痛と嘔吐に苦しめられたとのことである。外国語学習の困難は熾烈をきわめた。体の不調から、「食事も十分にとれぬために、体力が非常に弱ってきた。聖務中にも、全身の力が抜け去るような疲労、神経衰弱的な頭痛が、しばしば私を襲った」（Ⅱ七三頁）と、振り返っておられる。香港では、いかなる生活上の試練の中でも神の愛の摂理を感じ、聖堂中央にそびえる十字架に涙を流して最後の慰めと喜びを見出しておられたが、マニラではもはやそれさえ不可能になっていた。この地で先生は自分の召命に疑問を抱き始め、ドミニコ会の退会をも考えるようになられた。それでも一九六一（昭和三六）年三月までは何とかマニラにとどまって最終試験に合格し、表面上は無事に立誓願の資格を得られたのであった。

さてここでは、先生の前年十月十日の日記を紹介しておきたい。先生の修道生活への選択の今一つの無意識的な理由が仄めかされているからである。同日朝、先生は異母弟の強氏に手紙を書き、こう語っておられる。重要な箇所であるので少し長いが引用してみる。

今日、夕方リクリエーションの間に、ふと原始キリスト教時代からアウグスティヌス時代に至るまでの迫害の歴史、国家とキリスト教の関連史について、大学院時代に書いたものを読み返していたとき、何故か、或る思想の重圧を感じた。それは、いわば私の夢の如き宿願ではあったが、ベネディクションの間、その宿願は再び明確なことばとなって私の心を奪った。司祭になったら、まず第一に、白木野の廃家を買い戻して教会を建てる。少くとも一年、その基礎ができるまで主任司祭たることを願い出る。――何と素晴らしい着想ではないか、何と的確な償いではないか？　ニーチェの僕として本家をつぶした私は、母、姉弟、親戚を、完全に分裂せしめたのだが、私はその分裂のいわば原点に、キリストの僕として再び立ち、彼らをキリストに結びつけるのだ。こうして私の回心の地、あの田園、山間の廃屋は、原城でのキリスト教徒迫害者を先祖に持つ私にとって、先祖代々の霊を本当の意味で慰め、功徳を領つ幕屋となり、信仰弘布の中心地となるだろう。近所の人たちの私に対する好意を私はなお信じている。また、近所の学校の教師をしていたことも役立つだろう。さらに、寺の住職が私の中学時代の級友でもあるところから、二人で新しい使命に関して協力することは出来はしないか？　もちろん、誤解や迫害があったにせよ、正統に本多家の直系である私が、こうして神の御国のために新たなる霊的本多家を再建するという希望だけは、聖旨にかなうものと信ずる。もちろんその実現は、一に長上の判断にかかっているのだが、長上が外人であることが少しもどかしく思われる。事情を伝えるには、英語かフランス語に全訳しなければならない。はたして、どこまで理解してもらえるかと思うと困惑するが、しかし神が望み給うなら、そんな困難も物の数ではあるまい。（Ⅱ八五―八六頁）。

この先生の、司祭となって白木野に教会を建て先祖代々の慰霊をしたいという願いは、修道生活の選択時にも働いていたと推測されるが、この件について若干つけ加えておきたい。

過日、引用にある先生の親友のご住職から、本多家の家系図を送っていただいた。この住職とは、先述の玉峰寺の故中村興正師のことである。家系図は本多強氏が調べられたもので、親族の井村絢香氏から手渡されたものだと思われる。それによると、先生は本多本家の十代目の戸主であり、初代は徳川時代初期にさかのぼる。初代は本多右衛門(7)という名前で、もともと豊後竹田（岡）藩の指南役を務める上級武士であったらしい。氏は豊後にキリスト教が広まった時代にキリシタンになった。ところが徳川幕府が禁教令を出して弾圧を強めると、領主の中川久盛は配下にキリスト教を禁じた。そして一六三七（寛永一四）年、島原天草一揆が勃発した。幕府は九州の諸大名にも対応を求め――もっとも武家諸法度が許す範囲内であったが――竹田藩も二班を原城に派遣し、その一方の責任者を右衛門氏とした。彼らには叛徒の「なで斬り」すなわち殺戮が命じられていた。「隠れ」とはいえ自らもキリシタンであった氏が、城に籠って命がけの抵抗をして殺されていく――当初は、鉄砲の射撃技術によって一揆方が優勢だったとしても――キリシタン百姓軍に対して、いかなる思いを抱いて戦っていたのであろうか。松倉・寺沢両藩主による過酷な年貢や税の取り立て、信仰の弾圧をも当然知っていたことであろう。右衛門氏はたまたま腕に鉄砲傷を負って退いたのだが、この体験はその後の人生を変えたようである。戦後に帰藩した氏は、島原と天草への移民の命が幕府から下ったさいには、自ら士分を捨てて郷士となり、崩壊した原城に近い白木野に移り住んだ。氏はキリシタン信仰を捨てることはなかったが、絵踏みや宗門改めが過酷になる中で、子どもたちは表面上、曹洞宗へと宗旨を替えさせ、次代を継がせた。他方で、原城での犠牲者の慰霊のために毎年相撲大会を催し、奉献している。先生はこの本多家の因縁を知っておられた。その歴史的重圧と先祖の責任に対して、自己を神に犠牲として捧げる人生を選ぼうとされたのである。

さて先生はマニラを去られ、その後一九六一（昭和三六）年九月から東京のドミニコ会修道院での修道生活に入られた。翌年四月には、ドミニコ会への召命を疑い、カルメル会への移籍を迷いながら、ドミニコ会で荘厳誓願を捧げられたのである。しかしそれでも司祭職それ自体への召命には従うことができず、霊的な指導者であった深堀仙右衛門司教に相談したうえで退会を決断された。司教は「世間にあって永遠めざして生きてゆくのが、あなたの道と思います」（Ⅱ一九三頁）と先生に答えられた。また先生は、退会の決心にシャルル・ド・フコーのインスピレーションがあったとも考えておられる。「もう十年以上も前から生き続け、それを生きることができないときでも、定まらぬ強い望みとして抱き続けて来た、私自身の召命の場が何であるかということについて（であるが、それは〕、郊外の山腹の隠遁生活――ただし、すべての人々に門を開く――、教職を通じての使徒的活動を、聖徳高き霊的指導師のもとに行うこと」（〔 〕内引用者）であった（Ⅱ一八九―一九〇頁）。これは後年「出会いの里」構想に含まれる「総合人間学研究所」の開所へと具体化し、実現をみた。

六月十八日に先生は渋谷の修道院を出ると、実弟の義昭氏のもとに身を寄せられ、その後は田辺教授の世話で、大分県の鴨尾にある教授の新宅に入られた。先輩の久保氏にはサンスルピス大神学校に非常勤教員職を紹介してもらい、それから深堀司教の世話で熊本マリスト高校の専任職を得た。

四　熊本での教員、神戸での研究職、そして信徒使徒職

先生は当初、マリスト学園の校長であったブラザー・パトリックから、ブラザーたちの日本語教師となることを要請されていたが、その後は同学園の高校の倫理科教師として勤めることになった。そして江津湖畔の静かな一軒家の二階に下宿された。しかし難儀であった留学生活の影響で体調は思わしくなかったようである。手記には、「疲れやすく、吐気が続く」（Ⅲ一頁）と記されている。先生はドミニコ会修士として五年間「生死を賭した理想」（同一三頁）を追い求めてこられたが、結局は同修道会と訣別することとなった。先生はこの時期でも、自己の召命の神知を問い続けておられた。世間に出、職業を得て結婚生活に入るべきか、それとも別の修道会を選んだり、在俗司祭の道を模索したりして、他の仕方で聖職者の道を歩むべきかを、神に真剣に問うておられた。熊本時

代の手記には、神の意思を問うその煩悶のさまが縷々つづられている。そこには「回心と同時に魂に焼きついた聖性へのあの熱望、家庭生活に入って世俗と富に仕えて霊魂をすりへらす危険をおかすよりは、一切を捨てて神の道ひとすじに生きることにしか平安はない」（Ⅲ一四―一五頁）という、成年回心者ならではの懊悩が認められる。しかし最後はすべてを神の摂理にゆだねる覚悟をされた。

　先生は熊本マリスト高校では、校長、副校長以下から大きく活躍を期待され、自らも熱心に仕事に励んだと語られている。また深堀司教の賛同も得て、一九六三（昭和三八）年五月には「熊本カトリック学士会」を設立し、精力的に活動を開始された（この会の世話係は神戸に転居するまで四年続いた）。だが問題は自分自身の「将来の身分決定」（Ⅲ二七頁）であった。

　そんな折、マリスト高校で福岡司教区カトリック校教師の黙想会が開かれた。そこで先生は後に奥様となられる戸次明子《てるこ》さんと六、七年ぶりに再会されたのであった。明子氏は先生が明光学園高校で英語を教えておられたかつての教え子であった。先生は手記で、「なづなの花を思わせる可憐で」（同四八頁）大人しい秀才だった[8]と回想されている。明子氏は当時、明光学園の教諭を務めていた。先生は徐々に彼女に心魅かれるようになり、司祭職への夢との間で迷われることとなった。結局、先生の明子氏に対する情熱は消えず、修道女を志望していたこの十一歳下の若き女性に結婚を申し込み、ついに彼女から承諾の返事を得たのである。一九六四（昭和三九）年十一月、熊本市帯山教会で結婚式は執り行われた。そして翌年秋、長男智毅氏が誕生した。

　先生はマリスト高校で、信仰的真理に基づく霊性教育を重視され、自分の担当する倫理の授業でも工夫を重ねておられたが、同校が進学校としての評価を追求し始めると、それに納得できず退職の意を固められることとなった。そんな時期、一九六五（昭和四〇）年八月に、男子御受難会（宝塚）で行われた黙想会の後、知己の教諭を通じて神戸海星女子学院短期大学に招かれ、副校長シスター・ノエラと話す機会を得た。その会談が好印象であったことから、一九六七（昭和四二）年四月から神戸の同短期大学に専任講師として移籍することが決まった。こうして研究職の身分と生活の糧がいちおう保証されることになったわけである。

先生は熊本マリスト高校の辞任式では、在学生に対して、各々自分に合った道を選んでほしいと訓示された。この頃先生は徐々にカトリック界から講演を依頼されるようになり、その思索の過程で一九六六（昭和四一）年には、将来の宗教間対話の研究につながる重要な論考「日本人とキリスト教」が書き下ろされた。

先生は神戸に移られると時間に余裕ができ、哲学的思索を深められるとともに、信徒使徒職の面でも、熊本時代よりも活動の規模を拡げられるようになった。神戸地区の信徒協理事、大阪教区広報委員、『声』誌への投稿、(9) 結婚講座の講師などを務められた。先生はこの時代には、神戸の高物価（とくに高い家賃）と短期大学の低額給与を問題にし、経営陣のシスターに対しては、一般社会の人間の生活状況の理解が不足していると不満をのぞかせておられる。

それは別として、神戸への移転によって先生には二人の優れた研究者との出会いが恵まれた。その一人は教育哲学者である森信三氏、他は仏教哲学者の中山延二博士である。神戸時代の手記が不完全であるためか、思想面で薫陶を受けた中山氏との親交を示す記録は、残念ながら散見できない。(10) それゆえ、ここでは神戸海星女子学院大学の同僚となった森氏との関係を記すことしかできない。

ただその前に、転任時の一九六七年頃の先生の哲学観について、十二月二十一日の手記から確認しておきたい。それによれば、先生の思想的遍歴は、倉田百三の『愛と認識との出発』に始まるとされる。その後十九〜二十三歳まではニーチェ、二十四歳の回心を契機にアウグスティヌス、その後はトマス・アクィナスに移っていったが、そのさいアウグスティヌスのように「信仰の方へ、超自然の方へと徒らに問題を流し去ることなく、大地の中にそれを託身させ、知的であると同時に実践的でもある、カトリック的な純粋形而上学の必要に迫られた」（Ⅳ一二頁）と述べられる。そして自身の内的要求に親近な哲学者としてフランスの実存主義者ガブリエル・マルセルを挙げ、彼を「私自身の現実的要求を展開するのに最もふさわしい」（同頁）とし、その上で「私は、主観客観関係を越えた存在の直観を意図している」（同頁）と述べる。そして「私の哲学は、愛の哲学としての存在の哲学、つまり、具体的人間存在の哲学でなければならない」（同頁）という。これが後年、先生が授業や合宿の講話で唱えられる人間学の核となるのである。

さて森信三教授は海星における先生の先任者であった。氏は「全一学」や「恩の形而上学」や「立腰教育」などの教育論であまりに有名であり、自ら「実践人の家」を主宰して、長年にわたり「国民教育者の友」として全国の小中高の教員を啓蒙してこられた。先生は森信三氏主宰の「神戸読書会」の副講師として、多くの公立校の教諭と面識を得られたようである。森教授はとりわけ西晉一郎《ろう》博士の倫理哲学から大きな影響を受けられたが、その教育哲学には西田幾多郎の「絶対矛盾的自己同一」や「即」と通底する論理が核としてある。森教授はすでに先生の「日本人とキリスト教」

の論考を読んでいて、その著者と同じ職場で働けるとは思ってもみなかった、と先生を歓迎した。その後は一週間ごとに（月曜日）語り合い、その内面的交流は急速に深まっていった。森教授は先生の回心の記録である「愛の省察」も読まれて、あなたに対する「本質的な理解は、確固不動のものとなった」（Ⅳ二六頁）と言われたらしい。他面で先生は森教授の中に、「キリスト教の信仰とは一応無縁に、ひたすらいのちの霊性を自ら哲学し続け、自らの体系樹立のために生涯を賭けてこられた［…］生き方と、真のカトリック的な生き方との同質性と相違性の問題」（Ⅳ二七頁）を見てとられた。(11)

一九六八（昭和四三）年、先生は友人であった福岡大学の教員から電話をもらい、翌年の四月からの同大学文学部への移籍と倫理学の担当について打診を受けた。先生は海星の側に給与面での改善が期待できないために、随分悩まれたようである。家庭の経済的な安定をとるか、信仰教育上の使命を優先するかで「地獄の苦しみ」（Ⅳ八八頁）を味わわれたと述懐されている。返答の期限が明日に迫るなか、先生は人生において森信三教授と出会えた意味を今一度問い直され、また海星での信仰教育という使徒職の責任を負うべきだと決断して、最後は「留まることに賭け」（Ⅳ八九頁）られた。こうして先生は、一九七八（昭和五三）年に北九州市の産業医科大学に移籍されるまでの十一年間、海星を本務校として、英知大学、南山大学、西南大学へと出講され、多くの学生に哲学的人間学を教えられることになったのである。

先生は神戸におられた当時、灘教会（現在は神戸中央教会に統合）に所属されていたが、その当時の主任司祭はパリ外国宣教会のアルフレッド・メルシェ神父(12)であった。師はいつも聖堂で静かに祈っておられる深い霊性の人であって、先生は崇敬の念を抱いておられた。一九七七（昭和五二）年八月二十二日、同師の帰天に際して「思う度に悲痛の想い止み難し」（Ⅶ一九頁）と手記に記された。先生は当時、大学教員である信徒として哲学サークルを開催し、教会の一室で勉強会を続けて、教会に奉仕をしておられたようである。

神戸時代の手記にはほとんど記録がないが、本多先生はまたこの神戸時代に、森信三教授主宰の「実践人の家」の会員から紹介されて、仏教哲学者の中山延二博士に師事され、その年月は十年にも及んだ。その間、中山氏から仏教の根本論理すなわち釈尊の悟りの内容である「矛盾的相即」を学び、さらに博士の下で西田哲学を研究された。後に詳述するが、この「矛盾的相即」を、キリスト教の神と被造世界（人間と自然）の関係論理として導入し、それを独自に展開して東洋神学を提唱された事実は、本多先生の世界的レベルでの学問的功績となる。これには当時始まった先生の禅修行もその基礎作りになった。以後、先生は毎年一週間、東京都西部の秋川神瞑窟での禅的接心に出られたり、年に一度開催される「禅とキリスト教懇談会」に参加したりされるが、禅との関わりは、神戸時代のイエズス会のエノミヤ・ラサール神父（三宝教団師家）との出会いが機縁となったものと思われる。

五　福岡への移転、医学生教育への挑戦

一九七八（昭和五三）年、先生は通産省の肝煎りで設置された産業医科大学に赴任される。神戸

の大学で長年教員として勤め、関西圏での生活の基盤も固まり、研究の体制も整ってきた時期の決断であった。先生が仏教を通じて得られた「即」の体験は、先生の宗教哲学に反映し、正しく西欧的キリスト教学を東洋的に解釈する試みも一定の成果を見せてきていた。もっとも他方では、今後の展開の限界も感じておられたようではあった。

そんな折、医学系大学から哲学教授にとの招聘の話が来た。先生は医学部で教鞭をとった経験がないので躊躇され、森信三教授に相談された。教授は六対四で賛成だと言われた。神戸海星女子学院大学（当時短大を併設しながら四年制化していた）にとっても先生の転出は相当の痛手であったと想像できる。だがこれは先生にとっては摂理的であった。なぜなら、学問的探究の対象であった「即」の論理を、人間の生死の現場で身をもって体験すべき機会となったからである。すでにこの時点で「即」は、宗教の根本論理から具体的な現実世界の根源的原理であるはずのものへと質的飛躍を見せようとしていた。「即」を現実世界の具体的論理として自覚する契機となったわけである。世の誰しもが逃れえない生死のさなかに「即」の働きを確認する道が拓かれたのである。このように、「即」は医学教育の場において哲学的人間学を基礎づけるものに展開していった。

さて、着任後の先生は哲学と医学概論を担当することになった。学長の土屋健三郎教授の強い意思もあって、「哲学する医師の養成」という考えのもと、医学生が修学期間の六年間で「哲学」二二単位を取得するカリキュラムを構想された。医学系大学では哲学の科目は二単位であることが通例であるので、相当の重視であった。最初は、先生は文学部出身であることから、科学を基礎とする医学部の教員からは、教授内容に対して無言の圧力を感じておられた。[13] そこで講義内容の決定に相当悩まれたようであるが、六年目からようやく「身・土・死・理」の哲学に落ち着いた。これは一年を四期に分けて修得させる方法である。

この「身・土・死・理」には、先生の医学教育への理想と期待が込められており、またそれは「即」の思想に依拠するものであった。「身」とは、身心一如の観点からの身体論であり、「土」は、人間の身体を現実に育んでいる自然環境という意味で、身体と不可分の自然科学の学修である。また「死」は生と相即する死の理解、「理」は宗教哲学的論理としての「即」の学びに外ならない。これらの具体的な授業内容であるが、「身」は身体論の諸問題を対象とし、心身関係の事例研究から始まり、現代の文明状況における身体の問題が取り扱われる。そして最後に身体の意味が問われる。自然観の歴史的変化を検討し評価する「土」では、古代ギリシアからキリスト教中世の自然観、さらに近代科学と現代物理学の世界観へと考察を進めていく。「死」は死学（サナトロジー）を意味し、映像教材を用いて、マザー・テレサの臨死者への奉仕の実際や仏教者の死生観を紹介する。また、終末医療と哲学的人間学について講義する。最後の「理」では、道元の『正法眼蔵』や西田幾多郎の『善の研究』をテキストとして矛盾的相即の論理を学ぶ。この哲学にとってユニークであるのは、学外講師を招聘して授業を構成したり、「自由研究」や「合宿学習」を一定範囲の単位として認定しようとする点にある。このうちの「合宿学習」は、先生がこれまで非常勤先の大学で長年にわたって通例の講義を補完するものとして導入し、多くの学生の人間的成長を促してきた方法であった。先生はこのようにして、産業医科大学の唯一の文系の哲学教授として「哲学する医師の養成」に貢献されたのである。

また医学生への教育のために、先生は授業用テキストとして、「知は分かち、愛は結ぶ」という考えに立ち、『人間とは何か――矛盾相即的世界』を書き下ろされた（第二部の第五章参照）。本書は、本多先生の人間教育の思想的立場である「哲学的人間学」を提唱している重要な業績である。

この時期に関してさらに述べておくべきことは、先生が他大学の教員たちとともに、諸宗教の宗教哲学を研究し、その成果を分かち合う「東西宗教交流学会」を立ち上げられたことである。これは哲学的理論的な性格を持った学会であるが、それに先行する、宗教者間の実存的交流を目的とした「禅とキリスト教懇談会」から、学問的な面に焦点を当てて始められたものである。先生から長年学んできた相即人間学会のメンバーも、現在、先生の推薦を通してこれらの団体に所属し、正会員として活動している。

また「東西宗教交流学会」との関連では、先生が同学会の会員として第二回「仏教・キリスト教対話学会」（一九八四年・ハワイ開催）で研究発表された折に、イエズス会のトーマス・ハンド神父と知己を得られ、キリスト教の東洋的解釈の重要性を確認された事実を指摘しておかねばならない。それ以来、先生は同神父と相互研鑽に励まれ、ハンド神父と李純娟氏の共著による『水の味わい』の出版に助力された。先生はハンド神父の求道とその思想的到達点を重視され、様々な機会にその霊性を紹介された。もちろん先生の方も、ご自身の相即神学を英文にまとめて数度の国際学会で発表され、高い評価を受けて、神学博士の学位を授与されることとなった[14]。

六　「出会いの里」構想と総合人間学研究所

一九八七年（昭和六二）年、本多先生の仲介で、生命山シュワイツァー寺にカトリック別院が誕生した。同寺は真言宗の僧侶であった故古川泰龍師が「神戸シュバイツァーの会」会長の向井正氏から、古川師の死刑囚の助命嘆願運動を称賛されて、アフリカの聖者の遺髪を贈られ、それにちなみ命名したものであった。本多先生は古川師と「西日本・生と死を考える会」で知己となり産業医大でも講義を依頼されていたが、同師を知り合いのサレジオ会のS・フランコ神父に紹介した。それが縁で、シュワイツァー寺にバチカン公認のカトリック別院という、超宗教的施設が誕生したのである。現在、古川師はすでに他界され、フランコ神父は代表を退いているが、別院は今は「真命山諸宗教対話・交流センター」と名称を変え、地道な活動を続けている。先生の宗教間対話の希望はここでも実現を見たのである。

一九九〇（平成二）年には、福岡県遠賀郡岡垣町から町南部の三万坪の有効利用を検討してほしいとの依頼を受けて、「出会いの里」構想が生まれた。先生を含め「西日本・生と死を考える会」（会長 本多正昭）の委員有志により「出会いの里」マスタープラン検討会[15]が結成され、その後会合が重ねられた。翌九一年の九月三日に岡垣町長に対して、正式のマスタープランを提出した。その基本理念は、次のとおりであった。

現代日本は高度に発展した科学技術の時代を迎えて、人間性疎外の問題が深刻化している。

医療の観点から見ても肉体延命ばかりを目指し、有機的な人間の全体性に目が向いていない。人間性の回復のために、心と体、生と死、人間と生態系を含む様々な環境や超越者（宗教的ルーツ）との調和を取り戻さねばならない。この緑豊かな地に「ささやかな標本」を作ってみたい。(16)

そしてこのプランには、さらに病院、国際看護短期大学、高齢者福祉施設、ロボット研究所、文化会館、国際交流センター、総合人間学研究所など、多くの施設を配置した総合的な構想図が考えられていた。しかしなぜかこのプランに町長からの返答はなかった。そうこうするうちに町長選が始まり、現町長側が敗北して「出会いの里」構想のアクションは頓挫した。こうして先生たちの社会的貢献の一環として構想された「即」の実践共同体は、夢と消えてしまったのである。(17)

その後、先生は一九九二年（平成四）年に、滋賀県の聖泉短期大学（現、聖泉大学）の学長に招聘され、二年後の三月まで奉職されたあと九州に戻られた。その間先生は、論文「自我の孤立と死の不安」（『思想の広場』所収、一九九三年）とシンポジウム報告「出会いの場としての相即をめぐって」（『死の臨床』、一九九三年）をまとめられた。また同短期大学の建学の精神について、R・パニカーの言葉をふまえて、「キリスト教が仏教を通して新しい自己表現の道を切り開いてゆくことは、決してキリスト教が自己を喪うことではなく、却って仏教的伝統の豊かな富を取り入れつつ、死・復活的に自己の表現形態をキリストの受肉の精神に従って修正してゆくことであり、それによって益々地域にキリストの福音の種を蒔いてゆくことにもなると思う」(18)と述べられた。

それから時を経た一九九六（平成八）年八月三十一日、先生を初代所長とする総合人間学研究所が岡垣町波津の湯川山リゾートハイツで開所式を迎えた。本研究所の設立は先生のかねてよりの念願の実現であった。先生は若き教員の時代から、生徒や学生と共に考える時間を大切にし、共に生きる場に身を置こうとされてきた。そのため教壇からの授業以外にも、課外での教育実践も大切にしてこられた。青年期の学生たちが抱える人生上の悩みや苦しみにもじっと耳を傾け、理解して、適切な助言を下さった。その中で特記すべきは、先生が一九七三年秋に、非常勤先の南山大学で作られた「人間研究会」である。毎週、神戸から名古屋に来られる先生は、二週間に一度、大学内の施設や学生のアパートに集まる学生たちを相手に勉強会を行い、また年に数回は、三泊四日の合宿研修会を開いて、さまざまな人文系テキストをもとに講義して下さった。合宿では、例えば、『歎異抄』、『正法眼蔵』（菩提薩垂四摂法）、『正法眼蔵』（現成公案）、E・フロム『愛するということ』、I・レップ『心の底にあるもの』、本多正昭『比較思想序説』、山縣三千雄『人間』、西田幾多郎『善の研究』や「ヨブ記」などがテキストに用いられ、時にはエックハルトなどのキリスト教神秘主義やG・マルセルの哲学をテーマとして開催された。講義の合間に学生は先生に人生上の悩みを相談でき、また勉強が終われば歌集を開いて皆で合唱し、飲食しながら歓談する懇親のひとときも設けられた。「人間研究会」合宿研修会は先生の指導の下で約三十五回開かれ、退かれた後も、今日までさらに二十回続けられている（二〇二〇年はコロナ禍ではじめて見送りとなったが、以後は毎年実施）。この合宿には、南山大学の他に、先生の本務校の神戸海星女子学院大学、さらに英知大学、大阪大学、関西大学、奈良医科大学、産業医科大学、西南大学、名古屋芸術大学の学生たちも参加した。

そして先生はまさにこの「人間研究会」を母体として、一九九六年に「総合人間学研究所」を開設されたのである。もちろんこの研究所は広く社会に向けて開かれた修練機関であるので、趣旨に賛同するさまざまな人々を受け入れるが、その中心は「人間研究会」で先生から長年学んできたメンバーであった。

先生の起草になる「総合人間学研究所規程」によれば、設置の目的[19]は、(一)「日本が近代化とともに置き去りにしてきた《人間性》に係わる諸問題を、『即』の立場から、より根源的に見直していくこと」であり、(二)は、「時代の要請に応え、自己研修に努めるとともに、広く社会と研究の成果を分かち合い、日本の歴史的・国際的使命実現のために必要な活動を行う」というものである。研究部門は、身心学、死生観、東西宗教交流に分かれ、当研究所での研修(講義、坐禅、自彊術、ヨーガ、作務、畑仕事など)を中心に、社会的活動への参加(機関誌『不知の雲』の定期的発行を含む)を展開するものであった。この活動内容はまさしく、本多先生の相即思想の社会的展開の意図を語っており、会員に委託されたことは、それぞれの職種、職場で、「即」の思想を伝え、また異質的媒介に「即」の世界を実現することであった。

この開所式には多くの人々が参集し、盛会となった。八月三十一日初日は、(一)先生の所長あいさつ、(二)「出会いの里」構想からの経過報告、(三)研究所の使命と運営方針、(四)開所記念メッセージ(真言宗古川泰龍師)、(五)所員の自己紹介、そして納涼シンポジウムと続いた。翌九月一日は、キリスト教と仏教式の静修と記念講演会が行われた。ところが、シンポジウムの席上、先生の口から突然、京都ノートルダム女子大学への学長就任が告げられた。先生自身は研究所を開所したばかりで乳飲み子を放置する気がするが、諸宗教の交流の可能性がある京都の大学に赴任するのは「摂理的」であると思って決断したと言われ、一同驚いたが、研究所活動には引き続き邁進すると付け加えられたので安心したことを覚えている。本研究所は、二〇〇七年に名称を「相即人間学会」に変更して活動を続けている。

先生は、一九九八年（平成一〇）に京都ノートルダム女子大学の二年間の学長職を終え、北九州に戻られた。その後は、二〇〇三年から二〇一〇年まで、医療法人聖恵会の顧問として福岡聖恵病院の諸問題の解決に努められた[20]（この病院での先生の仕事については、第二部の第二章を参照）。そして二〇一八（平成三〇）年九月二十七日に帰天された。

七 「即」の人間学と東洋神学の提唱

本多哲学にとって、相即的立場とは、その師であった中山延二博士の言うように「現実世界の具体的論理」でなければならなかった。それは一元に固執しても二元に固執しても、抽象的な対象論理に流れてしまう。あくまでも一でもなく二でもない、同時に一でもあり二でもある縁起の論理である。これはロゴスの対象論理とは異なる、勝義に東洋的なレンマ[21]の縁起論理である。

先生の論理的「回心」は、ここから世界を理解することでなければならなかった。それは中山氏の現実世界の把握から、超越的次元である神的世界にまで及ぶものであった。ただしそのさい先生の相即的立場は、縁起として誤解されがちな単なる同一次元における可逆性とは異なることが指摘されねばならない。可逆は不可逆と不可逆は可逆とつねに相即なのである。その意味で絶対の可逆性であり、絶対の不可逆性なのである。これは先生にとって、ようやくニーチェからイエス・キリストへの回心において起こった「神との出会い」の真実を説明する論理であった。無限に自分を超越する（不可逆の）永遠の神が、いまここで罪びとである自分を生命を賭けて抱擁しているという愛の現実を説明する論理であった。先生はこの論理に出会って、はじめて安堵されたのだと思う。西田の「矛盾的相即」はその「逆対応」において完成されたが、先生はそれをご自身の宗教哲学研究と長年にわたる坐禅を通して実証された。それはまたキリスト教神秘主義の説く観想にも通底する論理であった。もちろん先生自身が指摘されているように、クザーヌスなどでは不可逆と可逆がピッタリと一つにはなり得ていない点に、超越性を強調する神秘主義の特徴があるのかもしれない。それでもアウグスティヌス以来の否定神学的神秘主義は、概して類似の相即的立場に立っているといえるであろう。

そしてまたこの信仰的覚醒によって先生の独自の人間学は確立された。「相即の哲学者」本多正昭が誕生したのである。

さて、イエスは人間にとって最も重要なおきてを愛することだとした。彼は自らの口から――あるいは律法学者に答えさせて――愛の二つのベクトルを語った。その愛すなわち、神を自己のすべてをかけて愛することと、自分を愛するようにして隣人を愛することとは、いうまでもなく相即する。しかし、その人間同士の愛の関係も相即なのである。つまり一方で相手に対する無限の敬意があり、その敬意において深い友情が成立している、つまり不可逆と可逆が同時成立しているのである。先生は人を見るとき、年若い学生に対してでさえも、この態度を忘れられなかった。そして教師でありながらも学生から聞く姿勢をとり続けられた。さらにいえば学生から学ぶ教師であられたのである。

このようにして先生においては、神と世界の関係の次元も、われわれが生きる現実世界の次元も、異なるものが異なるままで一である相即の論理において働いていると理解され、それを人々に伝え、教えてこられたのである。

本多哲学はこうして仏教的「即」の論理を、同一次元の可逆的即ではなく本来の即、すなわち不可逆即可逆・可逆即不可逆の「絶対無の場所」としての即としてとらえなおし、展開してきた。そしてグローバル化した世界におけるキリスト教の現代的課題である、東洋宗教との出会いと対話を目的として、この「相即」の立場から挑戦されてきたのである。相即は本多哲学の中核であり根拠である。その思想的営為は、宗教学的面でも、人間学的面でも、心理学的面でも、すべてここに依拠しているといえるであろう。

先生が学生や相即人間学会の研究員に期待されたものは、相即の立場に身を置いて世界を見、世界を解釈し、「即」の具体的現実から頽落した世界を、着実に修正していくことであった。それは各人が現実生活の持ち場で行う仕事にほかならない。「相即」は智慧と愛（慈悲）の論理である。それは抽象的観念的な理想ではない。世界を成立させている具体的現実的な論理である。ブッダが説き、イエスが語った不変の真理なのである。

注

(1) 先生の最年少の異母妹の井村絢香氏による。
(2) 先生は京城府の竜山小学校に通っておられ、大川礼三先生の影響で教職を志望されるようになった。
(3) 江戸時代初期の幕臣鈴木重成を開基として、島原天草一揆後に創建された(一六三九年)。重成の実兄の正三は高名な曹洞宗僧侶で、一揆後には天草に在って排耶書の一つである「破切利支丹」を著し、民衆に仏教への帰依を説いた。
(4) 手記にはこの表現は見当たらないが、筆者は先生からこのように聞いていた。
(5) その内容は、『死生観と医療』のIの二「友の自殺とその後——学生時代の思い出」に詳しい。カントを卒論に選んだ親友は「現象の背後に在るもの自体の自覚」を求めながら、理論理性の研究に血まなこになり、絶望したのであった。
(6) 先生はアウグスティヌスの『告白録』を愛読されたが、卒業論文では大作『神の国』を扱っている。
(7) 先生は、手記の別の箇所では、初代は本多孫左衛門であり、自分は十六歳で九代目の戸主となったとしておられる。強氏の調査結果が代々すべての戸主を確認していることから、先生の記憶違いではないかと考えられる。
(8) 明子氏の祖先は柳川の領主か家老であったようである。
(9) 先生が『声』誌に寄稿された文章としては、以下のものがある。「夜明け前」(一九六八年二月号)、「現代社会とカトリック教会」(同年一〇月号)、「信徒使徒職に思う」(同年一一月号)、「キリスト共同体錬成会に参加して」(一九六九年一〇月号)、「性その起源、過程、目的」(一九七一年三月号)、「伝統と刷新」(同年八—九月号)、「抽象の魅力と魔力——男女の平等ということ」(同年一〇月号)、「続・抽象の魅力と魔力——信徒使徒職に思う」(一九七二年一月号)、「現代人と希望」(同年二月号)、「万法す、みて――キリスト教と禅の論理」（同年八―九号）、「痴性・啓示・悟り」（同年一〇月号）、「続・伝統と刷新」（同年一二月号）、「青年期における性の危機と教育」（一九七三年一一月号）、「接心会に参加して」（同年一二月号）、「逆のものが結びつく」（一九七四年四月号）、「阿弥陀信心とキリスト教」（同年五月号）、「祈りについての独白」（同年七月号）、「君も教会を離れていれば――受肉の秘義に思う」（ペンネーム「しんごうみつる」で寄稿。同年一二月号）、「『倫社』は知育か徳育か」（ペンネーム「ほんごうみつる」で寄稿。一九七五年一月号）、「魅力と離脱」（同年二月号）、「知と愛」（同年三月号）、「使命と試練――日常生活におけるキリスト体験」（「しんごうみつる」で寄稿。同年四月号）、「両性教育の視点（その二）」（同年六月号）、「聞く」（一九七五年一二月号）、「老哲、病床で、しみじみと」（一九七六年一一月号）。

(10) 本多哲学に決定的な影響を及ぼしたのは、第二部の「思想」でもくり返し指摘されるが、中山博士の「矛盾的相即」である。先生は博士のもとで十年間仏教哲学と西田哲学を学び、その学恩を深く感謝しているが、北九州に転出するさいに「中山先生から遠ざかることがくやまれる」（V三九頁）と、簡単に語られているだけである。

(11) 先生は森教授を高く評価されたが、その宗教理解では立場の違いを認識しておられた。先生の目には、森教授はあくまでも自力的立場にたち、他力信仰の真実性については理解やその体験がない、仏教的というより「儒教的形而上学者」（V七四頁参照）と映った。

(12) メルシェ神父は戦時中スパイ容疑で軍部に捕らえられ、憲兵から厳しい拷問を受けた。その事実は長い間口外されず、後年、同修道会の長上の指示により、当時を回想し手記を残した（『夙川――献堂八〇周年記念誌』、二〇一二年）。なお、神父は戦後、拷問を加えた憲兵の謝罪に対して、罪を問わず、許された。

(13) 一九七九年六月二二日の手記には「基礎、臨床系および、一般教育の実験系の教員の中には、文系科目に対する潜在的蔑視感、軽視感覚が底流している者がいる」(Ⅷ一〇頁)と記されている。
(14) 一九九〇年に、論文 Ascending and Descending in Transcendence — For East-West Views of God and Man in Encounter によって、カリフォルニア大学バークレー校から神学博士を与えられた。
(15) 検討委員会は、池見酉次郎(九大名誉教授)、藤江良郎(栄光病院理事長)、本多正昭(産業医大名誉教授)、古川泰龍(シュワイツァー寺住職)、村井由之(産業医科大学教授)、S・フランコ(カトリック司祭、エリザベト大学教授)氏等の構成であった。
(16) 「『出会いの里』の基本理念」(一九九一年九月三日)参照。
(17) それでも先生は、「敗北から生まれ出る新たな気を感じながら『出会いの里』構想を温存する」と、一九九三年四月四日の記録に思いを残しておられた。
(18) 『総研通信』第二号(聖泉総合研究所、一九九四年)巻頭言。
(19) 「総合人間学研究所規程」(一九九六年九月一日)による。
(20) 福岡聖恵病院の理事長・院長は、本多先生の産業医科大学大学院の教え子で、相即人間学会の会員である安松聖高氏(浄土宗林松寺住職)である。
(21) レンマとは、肯定か否定のどちらかに向かう排中律の立場をとるロゴスとはちがい、「肯定でも否定でもない」や「肯定でも否定でもある」容中律の立場である。

資料(詳細は本書「はじめに」を参照)

Ⅰ「愛の省察」
Ⅱ「痛みの省察」

Ⅲ「熊本時代」

Ⅳ「神戸時代—その1」

Ⅴ「神戸時代—その2」

Ⅵ「神戸時代—その3」

Ⅶ「神戸時代—その4」

Ⅷ「神戸時代—その5」

第二部

思想

【1】思索

第一章　『神の死と誕生』を読む

橋本裕明

はじめに

ここでは、本多哲学の「相即」思想の生成過程が記録された、先生の学術的な哲学論文集『神の死と誕生――「即」の展開を求めて』（行路社、一九九二年）を中心に検討を行う。本書は全部で九論文から成立しており、時期的には一九六七〜八五年、先生が三十八〜五十六歳の間に書かれたものである。思想上の成熟の過程をうかがい知るには、必読のものである。

構成は、以下のとおりとなっている。なお「（…頁）」は同書の頁数をあらわす。

〈プロローグ＝「神の死」から「神の誕生へ」〉
第Ⅰ章「時熟論一考――ニーチェとアウグスチヌスにおける時間意識の構造」（一九六七年）
第Ⅱ章「聖アウグスティヌスの神秘主義」（E・ワトキンの論文の研究註つき翻訳、一九六九年）
〈第一部　キリスト教から仏教に出会って〉

第Ⅲ章「縁起的神概念の探求――出会いの論理に関する哲学的覚え書」（一九七一年）
第Ⅳ章「天にいます父・地にいます母――統合論理への予備的考察」（一九七二年）
第Ⅴ章「仏教的〈即〉の論理とキリスト教――不一不二論をめぐって」（一九七三年）
〈第二部　類比の論理と相即の論理〉
第Ⅵ章「アナロギア・エンティスとアナロギア・イマギニス――松村克己著『根源的論理の探求』をめぐって」（一九七六年）
第Ⅶ章「存在の類比と矛盾的相即――東西論理の統合への道」（一九七六年）
第Ⅷ章「可逆即不可逆の世界――『仏教とキリスト教の接点をめぐって』」（一九七八年）
〈エピローグ＝「即」の展開を求めて〉
第Ⅸ章「超越における上昇と下降――東西の人間観・神観の出会いのために」（一九八五年）

Ⅰ「時熟論一考」（以下、副題は省略する）

本論文は先生の三十八歳の記念碑的論文である。キリスト教への回心において以前と以後の先生の思想を画する、実存体験に深く根差した思索が展開されているからである。そこではニーチェとアウグスティヌス、換言すれば積極的ニヒリストとキリスト教信仰者の思索を、その時間意識において比較する意欲的な試みとなっている。ニーチェは先生にとって客観的で学問的な哲学研究の対象ではなく、若き日にその哲学思想の支えなしには生きてこられなかった、文字どおりの導師であった。その超人の理想に結晶した積極的ニヒリズムこそ、かつての先生の原動力であり、事実、複雑な親族問題や教育実践上の諸問題などもこの立場から解決が図られたのである。先生は「主観的な体読」によってニーチェに没頭されたのである。しかし、その誕生日を祝うまでに激しく執着したニーチェも、思索を徹底した結果、もはや最終的な救済者ではなくなる。

「私はツアラトストラの言葉に酔っぱらい、これを我が身に再現しようとしていたように思う。しかし特に、自分の理想に失望したとき、たちまちニーチェのいう運命愛の無神論の背景が露呈され、そのさらに背後に息づく逆説的パトスに耐えきれず、次第に私は虚無の深淵に転落して行った」（手記Ⅰ二〇六頁）。先生は、自分は結局、ツアラトストラの〈影〉に過ぎなかったのだと悟って、ニーチェという最後の頼みまで失った。しかしその絶望は、ニーチェが「神の死」を以て全精力で否定せんとした神を、生きた本来の姿で、いのちの霊として発見する契機となった。神に触れられて転換が起こり、その回心のさなかで自我に死んで、生きた神と出会ったのである。本論文集の題名が「神の死と誕生」であるのは、ニーチェの虚無からキリスト教的信へという意味である。先生がニーチェ論を冒頭に置いたのは、本多哲学の出発点を明確にするためであろう。先生の思想は、この回心という実存的転換から始まり、生涯にわたって、この神との出会いの「関係性」を追求するものであった。先生はその後、仏教の「即」の論理を学ばれ、それを体験的に身につけた上で、本多哲学の根本論理とされたが、それも神と人間の関係性を端的かつ最も適切に表現しうるものとして採用されたのである。その意味で、本多哲学は狭義的には神探求の哲学、宗教哲学だということができるであろう。先生の独自の人間学も、この哲学に依拠して展開されているのである。

「時熟論一考」は一九六七年、先生が神戸海星女子学院大学に赴任された三十八歳の年に発表された。その構想は熊本時代にすでに出来上がっていたと思われる。本多先生の宗教哲学の分野での最初期の業績である。若き日の思索ゆえか、深長であるが実に難解である。本論考で先生は、「時熟」という表現を用いておられるが、これはハイデガーの術語 sich zeitigen を踏まえていると考えられ、カントとは違う「実存的時間」を意味していると思われる。先生は、こうしてニーチェとアウグスティヌスの時間理解に焦点をあて、両者を比較検討されている。すでに回心を体験し、ニーチェの積極的ニヒリズムを乗り越えてキリスト教信仰に目覚めた現在の時点から、両者の時間論が検討され、評価が加えられているのである。どちらの思想家も先生の精神的生と死を左右するほど実存に食い込んだだけに、その思索はきわめて深刻かつ真剣なものとなっている。とくに「永遠回帰」という時間論の分析は、学問的立場から客観的に行われているとはいえ、先生が青年時代に私淑し耽読したニーチェのことであるから、深い理解と共感が示されている。もちろん、ニーチェごと自身の過去の思想的立場が否定されていることはいうまでもない。

さて論文は、ニーチェの無神論の説明から始まる。ニーチェによれば、神とは単なる「憶測」に過ぎず、苦悩する人間が幸福を求めて窮余の策として作り出した「背後世界」である。神の幻想を取り去れば、世界は無意味で無目的であるその正体をあらわす。世界は消滅することもなく、同じことを無限に反復するに過ぎない。人間はこの「永遠回帰」の現実を生きているとニーチェは説く。その上で、この神のいない「無を決定的に克服する道」（六頁）をどこに見出し、どう創造するのかが、ニーチェの問いであった。神がいないゆえに摂理はなく、世界は偶然を本質とする運命に支配されている。しかし、その運命を自己の意志の実現であると見なすことに、ツアラトストラ＝ニーチェの「救済」はあった。その肯定意志こそが「運命愛」である。「超人」において「生成」（永遠に変化し続けること）と「存在」（永遠的に不変で存在すること）は二元的であっても、その二元は乗り越えられようとする。「一切の生成に存在の性格を刻印し、生成の無垢を成し遂げんとする極度に緊張した巨人的な意志」（一一頁）を持つからである。先生の理解によれば、ニーチェは「力の流動し変易する生成の世界」（一二頁）を見ているのだ。しかし先生はこの積極的ニヒリズムによりニヒリズム自体の克服が実現できるということに、大きな疑念を呈する。

先生は別の面で、そのニーチェには生成の目的としての「存在」への憧れがあったと指摘する。十二歳の時の見神の恍惚体験から生まれた「永遠存在への忘れえぬ霊感に固められた意志」（一一頁）であり、これは敬虔なキリスト教的教育に育まれた「こだま」であった。これこそ永遠回帰説の「秘密の源泉」（一三頁）であったと先生は考えている。こうして、十字架につけられたキリストが常にニーチェに憑きまとい、他方でディオニュソスも彼の魂を惹きつけたまま彼を解放することがなかった。先生は、弟子たちがニーチェの無神論的な言説の根底に、「それにもかかわらず強烈で深い宗教的パトスを実体的に感じ取り、自ら意識せずして信仰への道を準備していったとしても、何ら不思議なことではない」（同頁）と述べているが、まさしく先生こそ、その一人であった。

先生は本論文の最後で、自身の回心の体験から、時間の救済は「超時間的な存在の光に照明されることによってのみ、それ自体の充実を得ることができる」（二八頁）とする。ニーチェ思想は結局のところ自己内でのモノローグに終始している。あくまで閉ざされた世界であって、真の存在へ、隣人へ、被造物へと開かれたディアローグではなかったのである。

次にアウグスティヌスの時間論が扱われるが、先生は、この教父が創世記の冒頭の「元始に、神、天地を創造し給へり」（創一・一）の一句を聞いて、まずマタイの「これ、わがいつくしむ子なり」（マタ三・一七）という声を連想したことを紹介する。この教父の霊的な耳は、この感覚的な声を通して、神の永遠のロゴスを聞いたのである。これを受けて先生は、「人間の mens は感覚的認識を媒介として非感覚的な神のロゴスを内的に直感しうる能力」[1]（三一頁）を有するとする。その上で、アウグスティヌスが「元始」を「時間的」先行者ではなく「存在的」先行者として、つまり「あらゆる時間の永遠なる創造者」[2]と考え、そこにこそ神の本質を見ていた、と述べる。神の「成れ」の言葉は神の意志ではあるが、その意志とは神の存在そのものを意味するのである。このようにアウグスティヌスにとって、「創造」とは神と人間のあいだの存在論的関係性をさす、と理解されている。

そして先生は、神の創造の永遠性がこの世の時間性といかなる関わりを持っているのかを問う。それを解く鍵は、「唯一の現存在たる人間の魂」（三一頁）である。魂こそが「天地万物を通じて究極の測定者たる神と語る」（同頁）存在だからである。魂は「世界の時間性を測る」（同頁）ことで創造の永遠性に参与する。その行為を先生は「超越のアクト」（同頁）と呼ぶ。しかるにこのアクトは、神自身による呼びかけを前提とする。そうして、「真理の認識はペルソナ間のアクトであり、それ自体、創造の光によって創造的となる」（同頁）という事態が生起するのである。こうした神と有限存在である人間の対話的関係性が認識されるならば、ニーチェの無意味なものの永遠回帰やそれをモノローグ的に自己内で耐えきろうとする態度（積極的ニヒリズム）は無縁のものとなる。

むしろ創造の目的に向けて「持続的に上昇線を辿」(三八頁)って行くことになるのだ、と先生は主張する。とはいえもちろん、人間の魂は相変わらず悪や罪につきまとわれているという悲惨を身に負っている。それでも実存的苦悩に苛まれながらも神の招きに向けて自己を開き、神に身を委ねようとする、魂の願望における自由な決断こそが、文字どおり救済となるのである。

アウグスティヌスは至福なる生活(beata vita)を、「活ける神の永遠なる存在を一つの包括的全体として不可疑的に直観すること」(四五頁)としたが、それはここからの展開でなければならない。そうして先生は、キリスト教への回心者としてニーチェ思想と決別し、こう語る。「永遠世界も回帰的時間も、永遠回帰への永遠の意志も、存在する真の永遠とは似ても似つかぬ代物である。われわれは、肉と成れるロゴス、イエス・キリストによる神の恩寵(gratia tua per Jesum Christum)によってのみ、この死の体から解放されうるのである。キリストこそ、われわれの精神が異教思想の円環的迷宮から逃れうる真直なる道である」(五二頁)。また、ポスト・モダン思想に深甚なる影響を及ぼしたニーチェの「神の死」の叫びも、それが西欧で歴史的必然性を持っていたとしても、信仰的生を克服はできなかったと付け加える。ニーチェの無神論は、「決して信仰へのあるいは不信仰への個人の自由なる決断の領域を抹殺するものではありえない。信仰とか不信仰というのは、本来は決して時代的な運命の問題ではなく、人間実存固有の領域における責任ある自由な行為である。人間の魂が意識すると否とを問わず、常にそして既にそこに置かれている神との対話的な実存的関係において、人間は聖なる『御身』を拒絶することもできるし、自己を開いてその根源的関係を肯定することもできるのであり、個人はまさに信仰の領域において全く個人的に決断するように呼びかけられているのである」（五三頁）。

ニーチェとアウグスティヌスをその時間論において読み解く、本論文での試みは、結局は、超越者と世界あるいは神と人間との存在論的関係性を問うものであった。ニーチェの積極的ニヒリズムの足場も失って、最終的に虚無的闇の中に遺棄された先生が、自己の魂内で神の根源的生命が灯っているという真実のリアリティーに覚醒した「回心」の出来事に立って、反省的に考察した記録である。先生にとっては、書かねば今後一歩も先に進めない、遠大な目標に向かっての決定的な一里塚であったということができるだろう。

Ⅱ 「『聖アウグスチヌスの神秘主義』」（E・I・ワトキンの論文）

本論文は、前の「時熟論」から二年後に出された、E・I・ワトキンの論文「聖アウグスチヌスの神秘主義」の翻訳である。先生は先の「時熟論」でもワトキンを引用しており、さらにここでは論文の全訳を試みているので、この論文の水準の高さと著者の教父理解の深さを評価しておられるのだといえよう。ただし訳者序文には、この研究者の詳細な情報はないと書かれているから、先生はワトキンの主張がかなりの程度自身の見解と一致しているので訳出されたと見なしてよいと思われる。

ワトキン論文のアウグスティヌス理解の特徴は、序文でこう指摘されている。第一に、この教父の人生と思想が、真のキリスト教神秘思想のあらゆる要素を「前学問的な総体的把握の単純さにおいて包蔵」（五七頁）していることである。しかも、ある要素にはすでにミラノの決定的な回心以前に与《あずか》っているのである。次にワトキンは、教父の神秘思想を一合成体たる人間にたとえて、その肉体はたしかにプラトン主義的な神学的哲学的思想だが、霊魂は真のキリスト教的祈りだと考えているとされる。

解題ではさらに、従来の先生の主張もワトキン論文に寄せて示されている。それは、アウグスティヌスが初期は新プラトン主義とキリスト教の差異を深く意識していなかったが、霊的深化が進むにつれて、その相違を自覚してきたということである。それでも真に適合する哲学表現とは出会えず、「異質性に悩まされながらも」最後までそれを利用したというわけである。

この翻訳に特徴的であるのは、その豊富な訳注である。とりわけ「脱魂 ecstasy」、「神秘的神体験 a mystical experience of God」、「観想 contemplation」、「ヴィジョン vision」など、神秘主義の根本理解に不可欠な用語を詳細に調べて説明してある。それは、難解で深遠な霊的次元について読者の正確な理解を助けるものであるとともに、先生自身の中で行われた神秘的霊性の次元を確認するための作業であったような気がしてならない。

先生のドミニコ会での修道生活については既述したが、先生は修道名に十字架のヨハネを選ぶほどに神秘主義に傾倒されていた。トマスにおいてスコラの自然神学を修得することは、先生の学問的探求の必然的過程ではあったが、宗教的要求の内実は神秘的霊性の探究であったと言ってよい。識られえぬ神、無相の神性との合一の希求は、生涯先生の胸を離れることはなかった。

次に翻訳テキストに従い、ワトキンの論を概観してみよう。

ワトキンは、『告白録』のかの有名な一節、「御身は、われらを御身に向けて造りたまえり。さればわれらの心は、御身のうちにいこうまでは、安らぎを得ず」を取り上げ、ここにはアウグスティヌスの「永続的な幸福への熱情」（六〇頁）が表現されているとする。そしてこの教父が、「人間精神の根本的な要求と直観とを、稀に見る力強さをもって実現し、稀に見る巧妙さをもってこれを実現した」（同頁）宗教的天才であると認める。しかしもちろん、周知のように、アウグスティヌスの人生の始まりは性愛への惑溺であった。だが、その朽ちるべき肉の快楽に沈淪しつつも、折にふれて「神的接触を感じており、神との合一の瞬間を享受した」（六一頁）のだ、とワトキンは強調する。つまり、決定的な回心以前に、「一瞬の電撃的直視によって、有りて在るものに到達する」（六三頁）神秘的神体験を得ていたというのである。それは、たしかに神を熱烈に愛していたアウグスティヌスの愛の真剣さから生まれた事態ではあったが、神からの恩恵であることはいうまでもない。そして神の認識は罪の自覚を生んだ。ワトキンは、その罪とは「魂の照明を妨げる意志の執着によって神の光が妨げられて落ちた影」（六四頁）であったという。こうしてワトキンは、教父がすでに回心に至る途上で、「注賦的観想 infused contemplation」（人間の自発性はなく、まったく受動的に与えられる超自然的に注がれた体験）の恵みを受けていたのだと述べる。先生はこの事実の重要性に同意して、この観想が「神を無媒介的な仕方で直観的に体験できるように、超自然的に高められ、神的な力が注入されて」（八六頁）起こるものだと訳注で説明している。

ワトキンは続いて、アウグスティヌスは回心後には、この観想の恵みをさらに大きく受けたという。母とともに天国における歓びの前味を体験したり、歓喜と霊的甘美を伴うヴィジョンを得たりした、と語る。ただしこの教父の注賦的観想を語る資料は豊富ではないため、中世盛期以降の神秘家と比べることはできないとする。他の神秘家たちが注賦的観想を深めていこうとする地点で、アウグスティヌスは自らの省察を終えていると結論づける。まだそうする時代は到来していなかったというわけである。しかしながらアウグスティヌスが執筆したすべては、注賦的観想における神秘体験から来ており、この体験に対する「回顧と期待によって貫かれている」（八一頁）とワトキンは主張する。

ワトキンは、アウグスティヌスの祈りが「その頂点において、神秘的、あるいは注賦的な観想」（同頁）であったとし、この教父は「自己の神秘主義において、彼が経験したり学んだりしたすべてのことに洗礼を施した」（同頁）と述べる。そしてアウグスティヌスの精神とは、「魂の内奥の接触によって認識された神の座 sedes」（同頁）を指示するものである、と締めくくる。

この翻訳論考は一九六九年の執筆であったが、研究紀要に投稿した理由は、一つには神秘家としてのアウグスティヌスの位置づけであり、第二は先生自身のキリスト教神秘主義への傾倒であったと思われる。先の「生涯」でも述べたように、先生はスコラ学の頂点に立つトマス・アクィナスの神学を学ぶためにドミニコ会に入会したが、魂はむしろ十字架のヨハネの神秘主義に深く親しんでいた。それは終生変わることがなかったと思われる。先生の業績にはアウグスティヌス、擬ディオニシオス、エックハルト、十字架のヨハネなどの名が挙げられているが、その中で特に論を起こしているのは、十四世紀英国の著者名不詳の『不知の雲』である。論文タイトルは「『不知の雲』と不二の論理」で、一九七四年の本務校の研究紀要に掲載した小編である。先の翻訳論考とは五年の隔たりがあり、その間に先生は中山延二氏のもとで仏教や西田哲学を学んでおり、その成果を踏まえてこの論文を執筆した。その成果とは、キリスト教神秘主義における神と人間の関係を大乗仏教の根本論理である「即」においてとらえるということである。

もちろん『不知の雲』を仏教的立場から解釈すること、すなわちこの書が説く「観想」(contemplation)による宗教体験の世界に禅の境地との類比性を読みとる営為はこれまで行われてきた。特に、最高の超越的次元との出会いには、人間の感性、知性の働きはいうまでもなく、それがキリストやマリア、諸聖人に始まるいかなる聖なる形像であっても捨て去るべきであるという、一切からの離脱と放棄は、両者に共通であった（ただし両者の決定的な差異面も同時に存在する）。それが従来指摘されてきたのも事実である。しかし先生はこの点に触れつつも、自身の仏教研究の立場から、『不知の雲』の著者の宗教体験における超越者と自己の関係の「不一不二的論理構造」に注目する。それは「絶対に本質を異にするがゆえに、絶対に混同を許さぬ神と自己とが、この世においてそれにもかかわらず一致しうるとすれば、それは神と自己との矛盾相即的、不一不二的、絶対矛盾的自己同一の場所、すなわち〈無〉なる〈雲〉の中においてであろう」（『比較思想序説』九三頁）という一文に示されている。人間の能力では決して到達できない不知の「雲」は、宗教体験の場所の暗喩である。そこでは神と人間は相違しつつも同時に相互の自己否定において一致するのである。先生の『不知の雲』についての小論は、神秘主義がその根本において、仏教が提唱する「即」の論理を本質としているとの解釈を端的に示しているといえるだろう。

Ⅲ 「縁起的神概念の探求」

本論文の名称は、「縁起的神概念の探究——出会いの論理に関する哲学的覚え書き」である。これは先生の四十二歳の時の論考で、一九七一年の本務校の「研究紀要」で発表されたものである。タイトルが示すように、西洋思想の枠を出て、東洋思想とりわけ仏教を学び始められ、両者の宗教哲学的対話の可能性を探究しようとする——これは先生の生涯続くテーマとなる——初期の業績である。とはいえ、本文中には「十年この方私の胸奥にひそかに宿り続けてきた最深の実存的課題」（九九—一〇〇頁）とあるから、先生はドミニコ会退会の頃から考えてこられたのであろう。先生は以前、むかし教会の集い（いかなる勉強会かは不明）で一人の老人と出会い、その人に滋味ある東洋的な霊性を感じ、自分の生命の源泉でもあるかのような懐かしさを覚えた、と語られたことがある。それから唯円による『（親鸞）歎異抄』や懐奘による『（道元）正法眼蔵随聞記』の研究に入られたのであるから、おそらくこの時期にさかのぼるのであろう。ともあれ、先生は神戸への転出後、中山博士の下で本格的に東洋的論理である仏教の縁起相即を学ばれるようになり、その一定の成果を本論で展開された。

それはもちろん、単なる仏教の「即」の論理の学問的な研究成果ではない。むしろ実践的思想家である先生は、その論理を自身の回心における「神との出会いの論理」として修得されたのである。それは、ギリシア哲学に依拠する対象論理的な西洋キリスト教論理、すなわち神と人間を含む被造世界を分離し、神を世界に対する無限の超越者であると措定し、対して世界を無とみなす立場を、愛の交流の現実を直指することによって克服する立場である。これが本論考以降、思想的に深められていく。その意味で、本論考は回心後の先生の新たな思想的立場の確立の経緯を物語る、記念碑的な仕事だと言えるであろう。先生のキリスト教への入信は全人格的な「霊的」回心であったが、縁起相即との出会いは哲学者としての「論理的」な回心を可能としたのだといえよう。

本論考は、「一　論理的刷新の方向」、「二　縁起的神概念の探求」、「三　対象論理的神概念の再評価」の三部構成である。

さて、論考の冒頭はこう始まる。「われわれの精神は、不断に無限の統一を求めて止まない。この統一への要求は、最初曰く言い難い一つの予覚から生ずる。この予覚の対象は、まだ明瞭に(explicitly)対象として意識せられないある漠然たる可能性に過ぎない。けれどもそれが真に現実的なるものの写しであるならば、その要求は点滅しつつも拒み難い性格を持ち、これまで自己の現実として固定化されていた因襲的統一を、しだいにその内側から突き破るほどに強まってくる。かくして、すべて新しき生命の誕生は、陣痛分裂の苦悶を避けることができないのである」(九九頁)。この簡潔で秀麗な文章は、先生の実存を賭けた内面的探求の方向性を示している。ここでいう「統一」とは、大きく西洋と東洋の宗教の霊性的統一が考えられているのだと思うが、先生自身の人生の課題としては、キリスト教と仏教との出会いが念頭にあった。先生はこの両宗教の出会いの実現こそ、今や時代が要求しているもの、すなわち「すでに早くからはじまっていた人類世界の精神史的胎動の一波紋」(一〇〇頁)であり、それこそが自身の実存的課題になったのだと言われる。先生は、現代世界がグローバル化したという視点でキリスト教的救済を真剣に考えてみるときに、東洋の霊性は積極的な価値を有しているという確信を表明する。その上で、この「統一」を求める営為は、キリスト教側から一方的主導的に行うべきものではなく、むしろ自己否定に徹して仏教から謙虚に学ぶことの中で実践されるべきであるとする。

そのさい教会当局からの「反神論的」とか「非神論的」といった批判や非難は、もちろん覚悟の上である。先生は、たとえ異端的レッテルを貼られようとも、神の歴史的摂理のもとにこの難事に挑戦するといわれる（先生は生前よく「真理は神です」と言っておられたが、ここにはその真理追求の不退転の意志が示されている。また先生は、「キリスト教学の東洋的解釈は、イエスからの私的命令であると考えています」と洩らされたこともあった）。そしてH・コックスの「聖人」観を加える。すなわちコックスは、「聖人とは、信仰と不信仰の境界線を行く人であり、彼に投げかけられた信仰を表現し直すことに全力を尽くしている人であり、さらに教義の発展と成長の過程に積極的に取り組んでいる人」（二〇一頁）であり、反対に「異端者というのは、決して自ら考えず求めもせず［…］ただ告げられたことを従順に心に貯えてゆくだけの人ではあるまいか？」（同頁）と述べている。もちろん、先生は自分が聖人であるなどとは到底考えてはいない。ただ、キリスト教霊性の探究者は、本来そのようであるべきだと強調しているのである。すでに本論考には、将来にわたる探究の一念が強い覚悟をもって示されているのである。

第一節は「論理的刷新の方向」である。

最初に、キリスト教と仏教の真の出会い、即ち対話は、西洋の対象論理的立場では不可能であるといわれる。例えば超越者を無ととらえる仏教に対して、西洋キリスト教はその無を有無の相対的無（単無）と考えてしまい、本来の有無相即（絶対無）の真の理解に達しえないからである。先生はそれを前提として、まずは実質的な対話の「客観的共通性」（一〇二頁）を確認する。それは普遍的な信仰行為それ自体に見られるもので、「対象の超越性とその内的啓示への応答」（一〇三頁）である。その場合もちろん、仏を超越者とすることとの仏教側からの異論があることを予測して、F・ハイルナーの「涅槃は神なき神の世界であり、贈り手なき神の贈り物である」（一〇四頁）を引用する。その上で、「仏教が超越的絶対者の存在を意識的に肯定する道を放棄しているとしても、このことは決してそれとの体験的出会いの事実まで否定しているのではないことが明らかである」（同頁）とする。そして、「われわれは真実の出会いの場を、純粋の一元的汎神論の立場にでもなく単なる二元論的な有神論の立場にでもなく、神との事実上の出会いに含まれているように思われる最も具体的な関係、すなわち『二にして一、一にして二』という新しい論理的立場にこそ求めざるをえない」（同頁）と主旨を明確にする。

さて本論文は「縁起的神概念の探究」とされているが、第二節ではこの「縁起」という仏教の用語について、その論理がひととおり説明される（この縁起相即とか矛盾的相即と呼ばれる論理は、第五論文の「仏教的〈即〉の論理とキリスト教」で詳述される）。ここは先生の相即哲学（人間学）あるいは相即神学の根本的立場が示されるので、きわめて重要な箇所である。

本節ではまず、西田幾多郎が死の前年に書いた論文「場所的論理と宗教的世界観」を取り上げる。これは西田の宗教哲学の最終的境地を示したものである。先生はその中から二つの命題、「仏あって衆生あり、衆生あって仏あり」「神がなければ世界はないように、世界がなければ神もない」を引用する。そしてこの二つの命題を是とする立場で、その解釈のカギを示す。キリスト者にとって第二の命題の後半は、神に対する冒瀆と思われるからである。しかしそれは「二元論的有神論の立場にのみに立つ点」(一〇六頁)に原因がある、と先生はいう。ここで西田は若き日の禅修行を通じて体得した縁起相即の論理から語っているのであり、その立場を検討しようとするのだ。それは仏教の根本論理を明確にすることに外ならない。

先生の理解によれば、「縁起」とは「現実一切の事象(起)が矛盾相即的(縁によって)成立している」(同頁)ことを意味している。縁起は、甲と乙がある場合に、甲と乙の独立存在を前提として両者が相即する、つまり分離から結合へ、二から一へ、というのではない。また反対に、もともと一つであるものが甲と乙に分裂する、つまり結合から分離へ、一から二へ、でもない。それではいかなることか。先生は、甲と乙の独立がそのまま相即であり、相即であることがそのまま独立だという。それは分離即結合、結合即分離、二にして一、一にして二を意味する。先生はこの事態を、「甲は乙に対して甲であるとともに乙も甲に対して乙なのであり、両者は因果同時的かつ相互限定的に成立している」(同頁)と説明する。その上で、先の西田の命題にもある、仏と衆生や神と自己も含めて、現実存在の全てがこの関係にあるという。まさしくこの縁起こそ、ブッダ自身の悟りの内容であった。

それではこの縁起の立場からすると、第二の命題の「神がなければ世界はないように、世界がなければ神もない」とはどういうことか。先生はこの否定的言辞を、「神あってわれあり」「われあって神あり」という肯定的言辞に代えて検討する。キリスト教の伝統的な肯定神学では、神は実体であり、人間を含む世界は存在論的には無である。従って、神は世界を無限に超越し、世界なしに存在する。しかし合理主義的神学とは流れを異にし、肯定神学の影に隠れた否定神学すなわち神秘主義神学ではそうではない。パウロもアウグスティヌスもエックハルトも、「具体的認識の領域では、自己認識と神認識とが全く相互媒介的相即的であることを繰返し確認している」（一〇七頁）からである。そのさい先生は、この「即」とは単なる直接的同一性ではなく、「相互に自己否定を媒介として成立する同一性」（一〇八頁）であることを強調する。それゆえ「神は絶対的に自己を否定することにより直ちに被造物の中に絶対的に自己を肯定してゆく愛」（同頁）であり、「われわれもまた絶対に自己とは異なる神と現実的に出会うとき、否定媒介的に神を生きることになる」（同頁）のである。神と人間との「相互依存的可逆性は、絶対的な区別と不可逆性を媒介としてはじめて言える事態」（同頁）なのである。この神人関係についての理解は、もともと本多先生が田辺重三教授との出会いを経て、とりわけ先生の内面に深く切り込んで病巣を抉《えぐ》った教授の厳しい一言を通じて恵まれた「回心」において、すでに得られていたものであった。それゆえこの理解は確信だったのである。この縁起的な神概念は、ニーチェが「神の死」のスローガンをもって必死に否定せんとした「隔絶的不可逆的」で超越な神概念とは異なる。先生はこの縁起的神概念に、ルカ福音書の放蕩息子のたとえに登場する、次男の帰郷を心から喜ぶ父親の愛を見ている。縁起的神概念は、一致、愛、内在などを不可欠の一面としているのである。その上で、「概念的には絶対に分離された二つのもの、超越と内在、神と人間、霊と肉、恩寵と罪の世とは、具体的事実的には何よりも深く結合して、仏法本来の意味における〈不一不二〉、〈異にして分かつべからず、一にして同ずべからず〉

の関係をなしている」（一一〇頁）と述べる。

第三節は、縁起的神概念に対する伝統神学の対象論理的神概念を扱い、この概念を単なる「抽象的一面観」（一一一頁）であるとか、無明の一所産であるとかと考えて、捨て去るべきでないと注意を促す。なぜなら、全ては相即関係において成立しているのであり、対象的神概念と縁起的神概念も例外ではないからである。従って、対象的神概念即ち超越的神概念――これは有神論的形而上学の立場である――「神あって世界あり」は、縁起的神概念である「神あって世界あり、世界あって神あり」と、「相互に一が他を事実上縁起的に含み合う限りにおいて〔…〕いずれも正当な神概念として許容する」（一一二頁）べきであるとされる。本論文で先生は西田の二命題を取り上げたが、その両命題においても、「このような対象論理的概念はその自己否定的契機としての縁起相即の論理をいわば逆限定的に含んでいることはたしか」（一一三頁）であるのだと言う。その意味では西田と同見解だということになるが、ただし先生は西田の不十分さを批判することを忘れてはいない。これは本多神学にとってきわめて重要な点である。先生は、西田の説明では対象論理と縁起論理の関係が「十分具体的縁起的に説明されておらず」（同頁）、対象論理の消極的側面が一方的に強調されていると読みとっており、この点に疑問を呈する。西田の強調は、「キリスト教的信仰の内在的超越の方向（可逆性と自覚の方向）は深められても〔…〕キリスト教信仰の事実の中に否応なく含まれざるをえない超越的内在の方向（不可逆性と救済の方向）が、いわば高踏的に軽視される」（一一三―一一四頁）と考えられるからである。

論考の最後で、先生はH・コックスが引用するロビンソン主教の言葉の中に、西欧のキリスト教でも縁起的神概念の志向性があることを歓迎している。それは「神を世界と同一視することなしに、全てのもののうちに神を見出す」（一一三頁）万有内在神論（panentheism）の主張である。これは汎神論（pantheism）とは異なるものなのである。

Ⅳ「天にいます父・地にいます母」

この論文は、東洋思想との対話やその論理の受容に前向きではないキリスト教会を批判したものであり、前論考の縁起的神概念についてさらなる考察を進めたものである。

第一節の「第二ヴァティカン公会議の姿勢」では、まず近年の教会が全世界に向けて自己を開こうとしている事実を、教会の公文書からの引用により紹介する。そして東洋思想との関連では、特に「普遍なる教会は、これらの宗教の中に見出される真実で尊いものは何も退けない。〔…〕それらは教会が保持し提示するものとは多くの点で異なってはいるが、全ての人を照らす真理のある光線を示すことが稀ではない」という第二ヴァティカン公会議の宣言文書(3)を強調する。さらに教会が「非キリスト者との対話の場を作る信徒」を称賛している事実を指摘する。この教会の新たな方向性と積極的な姿勢は先生を勇気づけたに違いなく、修道生活の道を断念した今、一般信徒の研究者として、信徒使徒職の使命をいっそう深く自覚されたことであろうと推測される。そして先生はここから明示的要点と暗示的要点の二つを指摘する。一つは、教会が他宗教を福音の準備と考えるようになり、従来の如く「悪魔の業」と見なす態度を決定的に変更した点である。第二は、他宗教の中に万人を照らす真理の光が宿っていることを認めた点である。そして後者から、「人間のいかなる想いからも、いかなる特定の制度的教義的宗教からも、一方的理論的に把握することのできないような超教会的普遍的な神の絶対的現存を、従ってそれに基づく新しいヒューマニズムの誕生の可能性を、純粋なる信仰によって力強く表明したものと考えることができる」（一二〇頁）のではないか、と希望を語る。

第二節では、第一の要点が確認されるとともに、そこに潜むさらなる問題が指摘される。先生は、R・C・ツェーナーが、キリスト教の西欧中心主義を脱却し、東洋諸宗教でキリストへの道を示すものがあれば、それを「同化吸収して」（一二二頁）真の普遍化を目指すべきだと語っている事実を挙げる。これは確かに従来の教会の態度としては一歩前進ではある。しかしここには、諸宗教はあくまでも福音を準備するものであり、十字架のキリストによってこそ完成されるという考えが認められる。先生はこの態度を、「歴史的キリスト教に固有の究極的基準にこれを従属せしめようとするその潜在的姿勢そのもの」（一二五頁）であると断じ、それは独善的な立場であって真の対話を阻《はば》んでしまうと、その危険性を指摘する。その上で、神と出会ったという根源的事実を根拠とした絶対的な信仰と、そこから抽出された絶対性の信念を厳密に区別する必要性を語る。神との出会いの「具体的絶対性は、まだ他に対する客観的比量的な価値判断を含んでおらず、それは自らのうちに自足する絶対的根拠を有し、従って本性上排他的なものではありえないのに対し、[…]（信念の）抽象的絶対性は、他に対する価値判断を含んでおり、その本性上互いに他を排除し合うという相対的な絶対性にすぎぬように思うからである」（同頁）。とすれば、今回の公会議の新たな態度表明も、まだ抽象的絶対性の主張を秘めている点で、まだ最善のものではない。これは先生の表現にはないが、根底に排他主義を隠した包括主義だといえよう。

第三節では、東洋思想の地盤へのキリスト教の受肉化の可能性が問われる。そのさい考察の補助手段として、和辻哲郎の『風土』が選ばれている。先生は、和辻が言うように、風土が単なる客観的な自然環境ではなく、人間存在の構造を形成する契機となるものであるとすれば、それは絶対者との「かかわり方、受け入れ方」（一三二頁）にも大きな影響を及ぼすに違いないであろうと言う。和辻は、ユダヤ教が風土的に「土地からの抽象」を、キリスト教は歴史的に「国民からの抽象」を特性にしたと述べているのである。先生はこの考え方に依拠して、西欧キリスト教の神概念の特徴は「抽象的超越的父性的な普遍性」（一三五頁）にあり、それに対してアジアの宗教は、「自然的内在的母性的な普遍性」（一三六頁）に特徴があるとする。先生は、これらは必然的に、父性的神概念および母性的神概念になるとし、「不断に無限の統一を求める」には、「西欧的キリスト教の〈天にいます父〉としての超越的神概念は、東洋の諸宗教にほぼ共通に見られる〈地にいます母〉としての内在的神概念と真実に出会うことによってのみ、より具体的に自覚されて」（同頁）いくのだろうと予測する。その上で、「人格神と非人格神、超越性と内在性、父性的なものと母性的なものとの統合論理は、今日実際には、初代教会の教父たちがキリスト教とヘレニズムとの統合を異教のギリシャ哲学によって果たした以上の意義と必然性をもって、東洋の宗教哲学の中に見出されてゆかねばならない」（一三七頁）とし、それこそが受肉化ということなのだ、と結ぶ。

Ｖ「仏教的〈即〉の論理とキリスト教」

本論文は、「仏教的〈即〉の論理とキリスト教――不一不二論をめぐって」と題して、一九七三年刊行の雑誌『カトリック研究』第二三号に発表した四十四歳の時の論文である。本誌はカトリックの学術誌で、キリスト教の神学者や聖職者、研究者などを読者に想定しているので、先生は自身のキリスト教的相即論理について緻密な説明を行っている。これは「縁起的神概念の探究」をさらに学問的に掘り下げた論考である[4]。

序文ではまず、教父たちはかつてギリシア哲学をキリスト教神学の表現手段に用いたが、今からは東洋思想との対話を通して学ぶ時代であると、ほぼ以前の論考の内容をくり返している。新たな視点は、中山延二博士の矛盾的相即の論理は釈尊の悟りの内容である「縁起・空」を表しており、これは「世界成立の根源的な真理を世界自身に語らしめたおのずからの論理」（一四〇頁）であるとの紹介である（これはまた、西田の「絶対矛盾的自己同一」や「逆対応」や「絶対無」などの基礎であると判断されている）。これに基づき、この論理が仏教のみならず霊性的世界に普遍的に妥当するであろう、との先生の強い確信が語られる。つまり、キリスト教神学の新たな構築の基礎を形成しうるということである。最後に、本論考は、縁起・空＝矛盾的相即の論理構造を明確にすると、その目的が告げられる。

第一節で先生は、矛盾的相即すなわち「即」とはいかなる関係論理であるかを、沙門知礼の「即論」に依拠して説明する。この学僧は、「即」の説明には、二物相合、背面相翻、当体全是の三種類があり、最後が本来の正当の理解であるとしている。最初のものは、「はじめに全く別の二つのものがあり、次いでそれらが何らかの仕方で一つに結びつくという関係」（一四二頁）をあらわしている。これは「二から一へ、分離を根底として結合を考える」（一四三頁）立場であり、根本的には二元論である、と先生は説明する。第二は、「もともと一つのものが相分かれて二つになるという関係」（同頁）であり、「一から二へ、結合を前提として分離を考える」（同頁）立場である。これは根本的には一元論に外ならない。そして先生は、この二つの説明は、「対象的分別的自己の日常的思惟の立場を質的に超えたものではなく、実在体験の具体的事実を事実のままに表現している論理とは言い難い」（一四四頁）とする。つまり真の「即」の理解ではないのである。とすれば、正しい「即」理解とは何か、それが次の第二節の当体全是において示される。

その例示は水と波である。水と波は決して同一のものではない。水には動性は含まれず、波には水の湿性がない。水は水で波は波、それらは同一のものではない。しかし「異なるものが同じであり、同じものが同時に異なるもの」（一四六頁）であり、「分離しつつ結合し、結合状態がそのまま分離状態」（同頁）である。生死即涅槃、有即無も同様である。そうして先生は、「いずれか一方に根底を置く立場は、すべて抽象的一面観として退けられねばならない。［…］具体的現実の世界は、二にあらず一にあらず、単なる主客分離でも主客未分でもなく、二にして一、一にして二、結合のままに分離、分離のままに結合」（一四七頁）であると説明する。そして予想される疑念に対して、自身の確信から、これは「魔法の論理」（同頁）ではないと強調する。ニーチェのいう「背後世界」とはまったく別次元だというのである。

そうして、この現実世界のおのずからなる論理たる「即」は、キリスト教においても当然妥当すると述べる。「不一不二的矛盾相即の論理そのものは、われわれの一切の分別知的な知的意識に先立つ根源的世界の構造を表わす信解一般の普遍的論理として、キリスト教世界にも当然含まれ、むしろそれはかかる論理において成立してくる世界でなければならないと考えている」（一四七頁）。それゆえに「即」の論理に基づくキリスト教神学の「再構成」は可能だと主張するのである。

第三節は、神と人間の関係を絶対と相対の相即としてとらえた事態が検討される。神である絶対と人間である相対は、そのままで関係するのではない。先生は西田と同じ見解に立ち、「相対が絶対と相対するということは、相対者がおのれの自己を保留しながら対象的に自己を絶対と相対せしめるような単なる知的操作のことでは決してなく、そこには相対の絶対的自己否定、相対が自己自らに死ぬということがなければならない」（一四九頁）[5]という。しかしそれは絶対の側にもいえることである。それゆえ神と人間との出会いは、「両者の相互否定を媒介として聖なる自己放棄の交換において成立する」（同頁）のである。歴史的啓示であるイエスのキリスト（救い主）としての誕生も「神の教育者的自己否定」（同頁）の行為であり、創世記の神概念から後代の預言者たちの神概念の変容にも、この自己否定に基づくユダヤの民に対する「教育者的適用形態の相違」（同頁）が見られると、先生は指摘する。そしてこの絶対者の絶対的自己否定――先生はそれを絶対無と呼ぶ――こそ「絶対愛（アガペー）の本質」（一五〇頁）なのである。われわれは自己と本質的に絶対に異なる、この絶対愛である神と「現実に出会うとき、自己の絶対否定を媒介として神において自己が肯定されるのであり、われわれの自己は神を生きることになる。［…］抽象的な自己（古き人、肉の人）に死んで、具体的な自己（新しき人、霊の人）へと甦る」（同頁）のである。

第四節では、キリスト教の神秘家たちの思想の中にも、「即」に似た立場が表現されていることが説明される。ここでは「即」は、超越と内在を結ぶもの、すなわち超越即内在、内在即超越として扱われる。そして先生は、この内在的超越から超越的内在への方向性は、西田の「純粋経験」期から「場所的論理」期への展開に認められるという。西田の晩年の超越的内在の強調は、「内在的汎神論的な世界観から不一不二的に開かれた〈逆対応〉的世界観への進展」（一五四頁）なのである。もっとも、西田は超越的内在を十分に考究できずに他界したので、先生は不十分であったと言っておられた。本多哲学はこの西田の晩年の〈逆対応〉ときわめて似た立場をとる。

次に先生は、「即」を説く神秘家として、エックハルトの発見者としても有名なニコラウス・クザーヌスを挙げる。彼は神を有即無の立場で見ており、先生はそれを当体全是的だと見なす。ただし、この神秘家の否定神学的無と仏教的無（空）との体験のレベルでの共通性については、判断を保留する。また、クザーヌスの神は「有と無の原理に先立つ神であり、有と無との可逆的因果相即性は認められていない」（一五六頁）点で、対象論理的思考を突破しきっていないと批判する。とはいえ先生は、クザーヌスは仏教的「即」にきわめて接近していると判断している。先生にとっては、神の恵みの賜物である回心でも、神と自己は矛盾相即的な関係にあるのであり、「即」はなにも仏教専属の論理ではなく、「あらゆる霊性的世界がそれにおいて成立する唯一の論理として融通無碍の普遍性を有する」（一五七頁）のである。ただこの信仰体験の内なる「即」を「合理的思惟の領域に移して」（一五八頁）対象論理で表現せんとすると、不一不二的神は「非可逆的な超越者」（同頁）として実体化される恐れがあるわけである。合理主義的神概念はまさにこの対象論理的神概念なのであり、アブラハム、イサク、ヤコブの生きた神から離れた「哲学者」の神となってしまう。キリスト教の神秘家たちはこの危険を十二分に知っており、「矛盾相即的神概念」を用いて教えを説いたのである。

第五節では、個の独立性と関係性の論理が説明される。そのさい関係性は「相依相成」という仏教語で表現される。本節のまとめとしては、次の一文の引用で十分であろう。AとBが存在する「具体的現実の世界では、AとBとは相対することにおいて同時に各々が真に独立した存在として自覚的に成立することを意味している。［…］〈個の独立〉と〈相依相成〉とは、各々自己を否定することによって、また相互に他を否定し合うことによって、かえって真実に自己を自己として、他を他として成立せしめるという矛盾において成立しており、しかもこのことはいずれも因果同時である」（一六一―一六二頁）。

本論考の最後で、先生は自身の回心を深く顧み、キリスト教における神と人間との「即」をこう表現しておられる。「神と自己との〈相依相成〉ということ（可逆性）と、神が絶対に先であり、創造に先立ち創造なくしても超越的に独立自存する絶対的実在であるということ（非可逆性）とは、同一の信仰的事実の中で矛盾的に相即している根源的自覚の両契機であるといってよいと思う。すなわち、相依相成においてこそ神の絶対的超越性が自覚的に肯定されるのであり、同時にこのような神の絶対的先行性独立性のゆえに、かえって相依相成の事実が両者の出会いの場所として、あるいは神的愛の満ち溢れる唯一の故郷として創造されてくるのであると考えられる」（一六五頁）。これは後期の先生の神学的立場であり、「可逆即不可逆・不可逆即可逆」を先取りしたものに外ならない。

Ⅵ「アナロギア・エンティスとアナロギア・イマギニス」

ここから第二部の「類比の論理と相即の論理」に入る。第一部では「即」の論理の基本的理解の説明に費やされた。ここからは神と人間の関係を表わすキリスト教の論理を類比の論理に見て、それと仏教の相即論理との比較を行い、その同質面と異質面を究めようとする。最初は「アナロギア・エンティスとアナロギア・イマギニス」である。これは副題にあるとおり、松村克己氏の『根源的論理の探究』に触発されて検討された報告論文である。これは神戸海星女子学院大学の研究紀要に掲載されたもので、一九七六年、四十七歳の時の業績である。

先生はキリスト教自体の具体的論理を探究する試みの中で、これまで有賀鉄太郎の「ハヤトロギア」を評価してきたが、新たに松村氏の「アナロギア・イマギニス」と出会い、この論理が自分の思索にとって「摂理的な契機」（一七〇頁）となったという。この論考では、先生が問題と考える二点にしぼって批判が加えられるが、いずれも創造的な論議である。最初は、松村氏が行ったアナロギア・エンティス批判について、次いで、アナロギア・イマギニスが「即」の論理からどうとらえられるか、である。

第一節は、松村氏のアナロギア・エンティス理解の問題点が指摘される。先生は、松村氏はアナロギア・エンティス（以下、Ａｅとする）を肯定しないわけではないが、それはあくまでアナロギア・イマギニス（以下、Ａ·ｉとする）によって止揚される限りであると考えている、と指摘する（一七一頁参照）。外地でトマスのスコラ哲学を徹底的に学んだ先生は、松村氏のこの過小評価に疑念を呈する。そして松村氏のＡｅ批判の二点を取り上げて反論する。批判の第一点は、トマスのＡｅが本来は実存の論理であったはずが、「概念的一般者、観念的存在に堕した」（一七二頁）という見解である。第二点は、真なる神は人間本性を無限に超越するがゆえに、Ａｅ（存在の類比）によって把握することはできないという主張である（同頁参照）。前者に対して先生は、トマスでは存在は観念的一般者ではなく、「神の愛の創造的な炎の如き活躍」（一七二―一七三頁）であると述べる。ここでは神と被造物との関係を炎と燃焼の関係でとらえるトマスのたとえが引用される。後者については、先生はトマスが神と被造物との間の非連続面を認めていることを強調し、その上でＡｅを語っていると断言する（一七三頁参照）。そのＡｅ論は両者の絶対の断絶を前提としているというわけである。先生は、こうしたプロテスタント陣営の疑義を解消するために、カトリックの自然神学の説明を加える。これは先生の外地での研究の成果であったといってよい。

さてＡｅはカトリックの自然神学の原理であるが、先生はＡｅについて三つの問いを立てて話を進める。（1）は、Ａｅとは原罪を負う人間本性の「信仰とは無縁の自然的理性の作品」（一七四頁）であるか、（2）は、Ａｅは「信仰に導かれて全く超自然的な信仰内容に奉仕する理性の作品」（同頁）であるか、（3）は、Ａｅは実際上では信仰が間接的に働くが「権利上全く自然的な理性の作品」（同頁）であるか、つまり本来のところ信仰なしに自然的理性だけで理解できるか、である。そして個々を検討する。

（1）であれば、Ａｅは信仰以前の、アリストテレス的な自然神学に見られる単なる哲学的認識の類となり、否定される。Ａｅは何らかの仕方で信仰を前提とするからである。（2）であれば、信仰が受け入れる「啓示真理の知的理解」（同頁）そのものとなってしまい、これはＡｅが超理性的な啓示神学に関わらない性格上、受け入れられない。先生は、松村氏がＡｅは三位一体や受肉、死と復活等の啓示真理を対象としない点で、信仰実存の具体的論理ではないと批判する点に、同意する。その上で先生は、Ａｅは神と被造物との関係についての「信仰による問題提起に対する自然的理性の応答の産物だと言う外はないであろう。とすれば、それはやはり自然神学的な論理であると考えることができる」（一七五頁）と結論する。

先生は（1）については、さらに自身の回心を振り返って説明を加える。この決定的な体験が起こる以前に、Ａｅについての「あるきわめて漠然とした了解が働いていたのではなかろうか。私の理性は自らに絶望しながらもその間、絶望させるあるもの、それに対しては絶望が許されない何ものかと逆接的に、あるいは類比的に触れ合っていたのではなかろうか。対象的には認識できない、かすかな一条の光に背面より接する理性の点滅は、認識というよりはむしろ漠然たる予覚であり、むしろ肉体的な予感ともいうべきものであった。神的真理に対する信仰以前の理性的認識の極限は、私の場合、虚無的絶望感の中でかろうじて完全な否定と絶望を拒むあるものへの予覚でしかなかった。だが、そのあるものとは何か？　それは単に有るのではなく、どこからか私を在らしめている何かであった。その何かは、単なる有ではないが、虚無化を拒む在らしめるものとして有るのであるから、無にして有、有にして無、有るとも見えず無しとも見えぬ何ものかではある。それはもはや決して視覚様式の対象的認識の地平に判然と浮かび上がって来るものではなく、一種触覚様式の認識によっておぼろに予覚されえたにすぎない。そしてこれこそ信仰以前の理性が、しばしば実存の限界状況において感得しうる最後の認識であって、Ａｅの漠然たる先行了解ということができるのではなかろうか」（一七七―一七八頁）。先生は自身に起こったこの事態を根拠にして、この予覚が信仰によって照らされると、純粋に理性的な認識と自覚され、自然神学の「現実的な直接原理（principium directum seu actuale）」（一七八頁）となることができるとし、Ａｅはほんらい哲学でありながらも（３）に位置づけられるべきだと見解を述べる。

またカール・バルトの信仰の類比（analogia fidei）に触れ、それとＡｅを比較して、前者は神と人間との信仰そのものによる出会いや応答の論理であるが、それはＡｅの自然神学的立場を了解し、（３）の認識を前提とした後に実現する、神と人間の「より親密な」関係の自覚だとする（一七九頁）。

第二節では、「即」の論理から、松村氏のＡｉへの批判的注釈が試みられる。先生はＡｉが聖書の次の章句に基づいているとする。その一は、「われらの像たるべく ad imaginem［…］人をつくらん」（創一・二六）であり、その二は、「御子は見えざる神の像 imago Dei」（一コロ一・一五）である。ただし前者は人間のものゆえ不完全で、第二はキリストであるから完全であるがゆえに、両者のイマゴは同一ではない。先生によれば、トマスは人間の内なる神のイマゴを三段階に分けている。最初の段階のイマゴは、神を知り愛しうる自然の適性を有するという意味での本性上の可能性であり、すべての人間に共通に備わるものである。次の段階は、神の恵みによって「不完全ながらも現実に」

（一八三頁）神を知り、愛している限りのイマゴである。これは恩寵による現実性であるために失う可能性がある。第三段階は、天国における現実性であり、「完全な仕方で現実に」（同頁）神を知り、愛している状態のイマゴである。至福の人間にだけ認められるもので永遠に失われることがない。その上で、先生は松村氏のいう神のイマゴは、「信仰的実存における」（同頁）主体であるから、われわれは第二段階にあることになると述べる。そのさい先生は、松村氏がＡ・ｉは（神の）原像であるイエス・キリストから成立すると述べるから、Ａ・ｉはキリストの神性と人性の空即是色的な「即」に立脚することになるという。先生は、その原像と（神の）模像たるわれわれは「イマゴ自体における矛盾的相即の両面」（一八四頁）であり、ここには前者の超越性と絶対他者性という意味での不可逆性と相互の可逆性が認められるべきだという。

しかし先生によれば、松村氏のＡ・ｉでは、この可逆性と不可逆性の関係は、まだ西田のいう矛盾的相即関係として十分な理解に達していない。西田では「真の論理は絶対者の自己表現の形式」（一八五頁）であるが、松村氏の場合は、氏の用いる「表現」は、「直線的流出的に」（同頁）自己同一的を意味しており、そこには自己否定の契機がないのである。松村氏のＡ・ｉでは、父なる神のイマゴ的性格は考慮されていない。しかし矛盾的相即に立てば、「父なる神もまた被造物（衆生）を映す完全なイマゴとして考えられねばならず、しかもその映しの類を絶する徹底性にこそ不可逆性が観取されねばならない」（一八六頁）わけである。

Ⅶ 「存在の類比と矛盾的相即」

この論文は一九七六年の発表で、前の松村論文批判と同年の業績であり、内容も重複するところがあるが、本論考は学術誌『カトリック研究』に掲載され、いっそう学術的な傾向を呈している。本論考のねらいは、トマスのＡｅの論理と仏教の矛盾的相即の論理に焦点をあて、両者を比較するのみならず、両論理の統合の可能性を探ることである。その意味できわめて建設的な問題提起だといえるであろう。

構成は、第一節で矛盾的相即の論理が要約的に解説され、第二節ではトマスのＡｅについてその論理の相即性が確認される。そして最後の三節で、これら東西両論理の異質性と統合可能性を検討し、提言を行う形式をとっている。

第一節ではまず、中山氏の「矛盾的相即」が、ブッダの自内証である〈縁起〉の古典的表現である「相即」や「即」の別名であり、大拙の「即非」や西田の「場所的論理」の基礎をなすといわれ、縁起とは「現実存在成立の根拠」（一九二頁）を意味するとされる。そして縁起＝矛盾的相即の論理が説明される。

勝義に東洋的なこの直観の論理は、西洋の対象論理に依拠する二元論とも汎神論的一元論とも異なる。それは「分離と結合、矛盾と同一、非連続と連続とが、互いに含み含まれる相互的同時因果の関係」（一九四頁）をなす論理である。一でもなく二でもなく、一でもあり二でもあるという不一不二の論理であり、意識以前の、現実世界の具体的な論理である。先生はこの立場からすると、トマスの類比的一（unum secundum analogiam）とも通じ合う可能性があると指摘する。それは「不一を含む一、絶対の分離と相即的な同一性と解することができる」（一九五頁）からである。こう予告して考察が進められる。

第二節は、Ａｅの論理が整理して解説される。まず（1）ではＡｅの典拠が示される。その前に先生は、バルトがＡｅは神と人間を「存在という同じ一つの類におくことによって、両者の無限の質的相違を無視している」（一九六頁）としてアナロギア・フィデイ（Analogia fidei. 以下Ａｆとする）を主張し、松村氏が——先述したように——Ａｅでは存在者は「観念的存在に堕し、実存の契機が完全に払拭され」（同頁）ていると批判して、Ａ・ｉを提唱していることを挙げる。その上でトマスのＡｅはそういうものではないと否定し、それを例証するという。

先生は、トマスが『神学大全』において、神と被造物の存在論的関係を「内的帰属のアナロジー」（analogia attributionis intrinsecae）を用いて語っているのだ、と紹介する。それによると、被造物の原因である神は本質による有（ens per essentiam）であり、結果である被造物は神に依存して存在を得るための分有による有（ens per participationem）なのである。両者の類比的相似性は、「熱い物体の熱そのものに対する相似性」（一九八頁）である。ここには非連続と連続、超越と内在の関係があると述べる。

そして次に（2）で、神と被造物の関係に含まれる「無限の質的相違」（同頁）について検証がなされる。先生はまず、トマスが両者の間には「種的にも類的にも共通性は存在しない」（一九八頁）と断言したのを受けて、質的相違は無限であり、それはトマスの「否定の道」により様々に表現されているという（一九九頁参照）。「存在」（esse）という表示様式すら、その名辞が「被造物との関連性を脱し得ぬ限り」、神に適用することはできず、トマスは「非存在 non-existens」とさえ呼んでいると指摘する。したがって「知られざる神 Deus ignotus」こそ究極の神であることになる。この表現は、パウロがアテネで用いたのと同様の言葉である。こうして先生はバルトのＡｅ批判を退ける。

さらに先生は（3）で、この神の絶対的超越性を強調する否定の道は、トマスにおいては、逆接的に「神の存在の先行的な肯定、被造物における神の内在性と矛盾的に相即する」（二〇〇頁）と語る。神は被造物の存在原因として万物に内在するからである。ただし「内在といっても、それは神が事物の本質の部分（pars essentiae）としてではなく、本質の限定を否定的に超え出た内の内なる場所（magis intimum）において、ちょうど創作家がその作品の中に現存していると考えられるような場所において、いわば超越的に内在している」（二〇一頁）のである。先生は、トマスがそのさまを燃焼と火の関係にたとえて、神を燃やす純粋な活動と見なしていると説明する（同頁参照）。こうして先生は、バルトと松村氏によるトマスのＡｅ理解は適切ではないと批判する。そして同時に、両者のＡｆもＡｉもＡｅという「普遍的存在連関の論理」を前提において成立する関係の論理であると断言する。

第三節ではまず（1）で、類比と相即の質的差異と出会いの可能性が確認される。

先にＡｅと「即」の暗示的な（implicit）同質性を述べたとして、ここでは論理における明示的な（explicit）異質性、すなわち前者の不可逆的性格と後者の可逆的性格について論及がなされる。先生は、トマスのＡｅにおける分有説や因果相似の原理が、「存在論的不可逆性を不可欠の前提条件」（二〇四頁）とするという。これに対して相即は相手を根拠に自己がある縁起の論理として相互的同時因果を意味するのであるから、トマスのＡｅのような一方的関係を主張する立場とは相容れないのである。トマスの形而上学の因果に時間的な同時成立を認容したとしても、存在論のレベルでは結果の先に原因があるのであり、「因果の可逆性」（二〇五頁）は容認できないわけである。この論理構造の差異が現実である。

次に（2）では、この異質な二論理がそれぞれ相手を異質的媒介として、いかに「自己の根源を開いてゆく」（二〇六頁）ことが可能であるかが問われる。先生はここでもキリスト教における神と人間の関係のありようを、西田の表現である「神あって世界あり、世界あって神あり」を借りて述べる。前項を存在論的、後項を認識論的命題と解釈するのは誤りである。この西田の可逆的表現は、「(神あって世界ありという)不可逆性を脅かすことなく、否むしろ不可逆性を単なる抽象の次元から連れ戻して、これに具体的実存的契機を盛りこむというかたちで、これを包摂することになると思う」（二〇九頁）という。つまり、本来のキリスト教の神と人間の関係においては、可逆性は不可逆性を根拠に成立するのである。不可逆性において愛の関係の可逆性が現実化しているわけである。

さらに先生は『歎異抄』の「弥陀の五劫思惟の願をよくよく案ずれば、ひとへに親鸞一人がためなり」を取り上げ、ここでは、「『われあって仏あり』という矛盾相即的な『絶対者』の概念を告白したものとみるべき」（同頁）だと述べる。つまり可逆性をいう仏教においてもその可逆性は不可逆性と結びついているわけである。

こうしてここでもまた相即的関係が強調される。「神の絶対的先行性、不可逆性が『われ』との同時性、可逆性の中に包摂されるとき、『神あってわれあり、われあって神あり』との告白が、かえって神への真実の賛美の歌となるのであり、不可逆性、絶対先行性が真に具体的な内容を獲得することになると思う」(二〇九―二一〇頁)とされる。相即の論理は「東洋的直観の論理、仏教の論理にすぎぬものではなく、[…]今後、世界の論理として見直され」(二一〇頁)ねばならないのである。

Ⅷ「可逆即不可逆の世界」

この論文は、八木誠一氏の『仏教とキリスト教の接点』(法蔵館、一九七五年)へのレスポンスとして書かれたもので、「可逆即不可逆の世界」と題されたものである。この論考は一九七八年の『カトリック研究』誌に掲載された。本多哲学の相即思想を非常に明確にかつ説得力をもって説明している。形式は四節立てであるが、各節の見出しはない。先生はこの年に、神戸海星女子学院大学から北九州市の産業医科大学に転任されている。新天地での生活の始まりを期する論考である。

冒頭に、「可逆即不可逆」という語が置かれる。先生は試みに coincidence of contraries: reversibility and irreversibility と訳すが、これは本多哲学独自の表現である。次に論考は、先生の精神的遍歴と密接に結びついた哲学研究の道程をたどる。その中心はキリスト教への霊的「回心」

である。しかしギリシア発の対象論理で構築された西欧的キリスト教神学に大きな違和感を抱く時期が来た。外地でのスコラ哲学の学修とドミニコ会の修道生活の断念がそれをもたらした。日本で一老農夫と出会うことで自己の内奥に東洋的日本的精神性が息づいているのを知った先生は、親鸞や道元を通じて仏教の研究に入った。その結果、仏教の教えとイエス・キリストの教えが深層では結びついているとの覚醒を得た。そして仏教の「即」の論理こそが、東洋人である先生の回心における神と自己の真の出会いにもっとも相応しうる論理だと理解されたのである。しかも「即」の論理は、日本人キリスト者の自己理解には不可欠と確信したので、キリスト教学の再構築がキリストから示された自己の使命だと自覚されるようになった。そのキリスト教の根幹である神と人間の関係論理が、可逆即不可逆・不可逆即可逆である。これは先生の哲学的確信であり到達点となった。また「即」の思想は先生の哲学的人間学をも基礎づけた。

本論考は、可逆即不可逆の立場を明確にするのを意図しているので、以下その展開を確認しておこう。

先生はまず、超越者と人間の関係において、仏教は仏と衆生の間の可逆性を、キリスト教は神と人間の間の不可逆性を一方的に強調してきたとの現実認識を示す。その結果は、両宗教による相互批判と否定である。しかし両宗教とも——それ以外にも真正の宗教であれば——本来は可逆と不可逆の両契機が「即」の関係で内在している。キリスト教の神は不可逆の神を戴きながらも、「愛の交わりとしての可逆性を本質的な特徴」（二二四頁）として有しており、「仏教の世界、禅の世界にさえも、人間的エゴの独走や執着を絶対に許さないという形で、不可逆性の契機が厳存している」（同頁）のである。この先生の立場からすれば、両宗教はこの「即」の論理構造を持ちながら、仏教は可逆性が、キリスト教は不可逆性がより強く出ているということであろう。

次に先生は、キリスト教の歴史的啓示の観点から、八木氏の立場を批判する。その前に確認しておくべきことは、キリスト教が、イエス・キリストという「歴史的啓示」、万物から神の存在を覚りうるとパウロが語った意味での「宇宙的啓示」、そして絶対者が人間の内面に語りかけるという「良心的啓示」の、三つの啓示を有していることである。先生はこの内の宇宙的啓示と良心的啓示を仏教と共有できると考えている。八木氏で問題になるのは、この内の歴史的啓示である。先生は、イエス・キリストにおいて神性と人性の相即を見る。まさに「色即是空のキリスト教的原型こそイエス・キリスト」（二二八頁）だからである。「色を離れて空はないように、キリストの神性（空）もイエスの人性（色）においてはじめて啓示された」（同頁）のである。ところが八木氏では、この相即関係は化学論理で置き換えられ、「イエスが自らの中に自己超越的要素として含んでいる神性というものは否定され」（二二九頁）ているのではないか、と先生は疑念を持つ。その結果として、「イエスという特殊な歴史的人格（色）の中に矛盾相即的に含まれている彼の神性は捨象され、せいぜい仏陀と対等の存在とされる。従ってそのようなイエスを救済の根拠とすれば、キリスト教における相対の絶対化と排他的絶対性が現れる」（同頁）わけである。先生は八木氏にグノーシス的発想を見られたのである。ヨハネ福音書に深い関心を示す八木氏ならではのことであるかも知れない。もっとも先生は八木氏のこの大著に深い洞察の諸点を確認しておられ、高く評価しておられることはいうまでもない。

　ところで先生の可逆即不可逆・不可逆即可逆の立場について、それが一定の論争を通じて明確化された点を指摘しておかねばならない。それは一九七四年に仏教者とキリスト者の間で行われた、「超越者と自己」の関係性をめぐる議論であった。そのさいの焦点は、キリスト者滝沢克己と仏教者阿部正雄両氏による、仏と衆生、神と人間のあいだの関係理解であった。滝沢氏は久松真一老師のキリスト教批判を誤解に基づくものとして、神と人間の関係を「不可分・不可同・不可逆」を唱えた。バルトに学んだ滝沢氏の神の絶対超越性を強調する立場であった。これに対して阿部氏は、「不可分・不可同」は認められるが「不可逆」を立てるのは同意できず、不可逆の契機さえ「絶対可逆」によって包み込むべきだと反論したのである。この論争に基づき、阿部氏と、秋月龍珉、八木誠一、本多正昭諸氏の間で、議論が交わされた(6)。禅の可逆的立場に立つ阿部氏の主張は、神とは本来無相の自己であって超越的他者ではない、自者そのものであるから、関係は絶対可逆でなければならないというものであった。キリスト者である先生は、自身の回心の体験から、滝沢氏が強調する神の絶対超越性を受け入れた。ただしそれをあえて「不可逆」として、定理に含める必要がないと判断した。「不可分・不可同」の「不可同」にはすでに「不可逆」が含まれているからである。先生はむしろ、滝沢氏が「不可逆」を強調することで相即関係を不明確にしてしまうと考えたのである。それは、滝沢氏が相即を真に理解し得ていないということの証左である。そうして先生は、神と人間、仏と衆生の間の関係論理として、「不可逆即可逆・可逆即不可逆」として提案した。この時からこの用語が本多哲学に定着することになったわけである(7)。

Ⅸ「超越における上昇と下降」

『神の死と誕生』に掲載された最後の論文が、この「超越における上昇と下降」である。この一編はエピローグ「『即』の展開を求めて」に位置づけられている。副題に「東西の人間観・神観の出会いのために」とあるように、「即」に基づく人間学・深層心理学の立場から東西両宗教を考察する試みである。

本論考ははじめに、宗教的レベルでの超越は、egoとselfという二焦点の「強弱関係により、上昇的と下降的との二つの方向」（二三三頁）性が認められるという仮説が示される。そのさい前者は西洋、後者は東洋と考えられるが、それはむしろ「一が他を補完的原理として含む心的概念」（同頁）であろう、と推測される。

最初の節は「西洋人と東洋人」と題されている。先生はここではユングの深層心理学の思想を相即的観点からとらえ直し、図示しつつ論を進めるが、ここでは図は省略する。先に、egoとselfを西洋と東洋の心性の原理というより、人間共通の要素だと述べたが、先生はここでもそれを強調する。「万人の心は、中心が一つだけの円形ではなく、egoとself、東洋と西洋という二つの中心をもつ楕円形である。私はその二中心の矛盾的相即（修業の立場から言えば、集中あるいは潜心）そのものが、人間存在の具体的な中心点であり基盤であろう」（二三七―二三八頁）と述べる。

次に来る節は「『私』の超越的主体としての神」（二三八頁）である。

最初に先生は、egoとself、意識と無意識の矛盾相即体をego-selfあるいは「私」と呼ぶという。「私」

はしかして「心、体、自然、歴史、超越者の矛盾相即体」（同頁）ということになる。その「私」にとって天の父なる神と地の母なる神は、上昇的超越者と下降的超越者であり、共に「超越的主体」（同頁）に外ならない。

さて私が（宗教的に）真の「私」となるには、超越的主体である神に出会わなければならない、と先生はいう。そのためにはいずれかの消失点 vanishing point――西田が最終論文で触れる自我の死である――を通過せねばならない。そのとき上昇的超越と下降的超越の二元も消えるのであり、上昇的超越即下降的超越が、「私」の超越的主体なる神だというわけである。ここに相即論理のポイントがある。

それを受けて、続けて「下降なき上昇」と「上昇なき下降」という相即の論理に依拠しない神観が考察され批判される。前者は伝統的なキリスト教神学の立場である。そうした「下降なき上昇」の神は、「孤峯頂上にあぐらをかいている神であって、罪びと（凡夫）の同伴者（ARE）としての、あるいはその超越的主体（AM）としての神ではない。プラトンの『善のイデア』も、アリストテレスの『不動の動者』も、下降的超越の方向を欠くゆえに、本質的には同じ但空の神であろう。アウグスティヌスやトマスの神学も、彼ら自身のキリスト教的神秘体験や否定神学的背景にもかかわらず、論理的基盤は ego 主導型であり、ギリシャ的主知主義の傾向を免れることはできなかった」(8)（二四四頁）と先生は喝破する。先生は、だからこそ天の父なる神に出会うには、色（変化性、身体性など）と空（不変性、精神性など）を二分化する ego 自体が消失点を通過して、色即是空の矛盾相即的関係に目覚める必要があるとする。まさしくそのことが「受肉と復活の秘義」（二四五頁）なのである。

「上昇なき下降」の神を求めるのはegoの規制を逃れんとするselfである。先生は、このselfにとって、神は「他人との人格的な自由と独立と協調の関係を受け入れることのできない、非人格的独善的暴君となる」(二四八頁)と批判する。さらにその神は「受動的、感応的、情緒的、素直、寛容な、典型的に女性的な特徴」(二四九頁)しかもたず、その「完全な相対性ゆえに破壊的である」(同頁)との、J・B・カブの見解を添える。

その上で強調されるのは、最後の「上昇的超越即下降的超越」で示される状況である。「具体的な内的世界には、実は空間的に表象されるような上も下も全く存在しない。上昇も聖霊に促された実在的上昇であるならば、それは無意識を貫いて大地の底にまで達しうる上昇であろう。とすれば、それは下降的超越と不二でなければならない。同じように、下降的超越、あるいは『地にいます母なる神』への全面的な沈潜と委託も、聖霊の促しに応える人間の超越的行為であると解しうる限り、それは地の底から天空高く駆け上る上昇的超越への方向性を、少なくとも常に含蓄していなければならない」(二五三頁)のである。

注
(1)mensメンスは「心」を意味する。
(2)先生による、アウグスティヌス『神の国』一一巻、三〇、四〇の訳。
(3)「キリスト教以外の諸宗教に対する教会の態度についての宣言」(Declaration on the Relation of the Church to Non-Christian Religions, NOSTRA AETATE)という名称で収められている。

（4）先生はイエズス会のネメシェギ神父の推薦で本誌に寄稿したと述べている。本論考に対して同修道会の門脇佳吉神父は「〈討論〉本多正昭『仏教的〈即〉の論理とキリスト教』を読んで」を書き、反論した（『カトリック研究』第二四号、一九七三年）。しかしその批判については的外れな部分が多い。これについては、先生は再度、「〈論争・注解・注〉『仏教的〈即〉の論理とキリスト教――門脇師の批評に応える』（『カトリック研究』第二六号、一九七四年）において、整理している。それによれば、門脇神父の批判は、（1）先生にはカトリック神学の継承が欠落している、（2）先生の相即の論理が体験知とは思われない、の二点に絞られる。これに対して先生は丁寧に反論し、説明を加えている。同神父の高圧的とも思える態度とは対照的に見える（この時期、同神父は大森曹玄老師の下で本格的な修行をしており、後の一九八二年に嗣法して臨済宗師家となっているから、仏教については先生よりはるかに自分は分かっているとの自信がうかがえる。また、上智大学教授で哲学博士であることも、地方のミッション系大学の助教授を見下げるような振舞いとなったのかもしれない）。先生は〈概論〉を立て、（1）については「指摘の観点には根本的な誤解もあるように思われるが、指摘された事実は私も平素十分自認していた」からと鞭撻を願う一方、（2）は、相即は「自証性」を含む自分の「体験」であるので、神父の論難は当たらないと退けた。そのあと〈各論〉で一つずつ誠実に反論している。そして〈付論〉において、対象論理と縁起論理の関係自体も縁起的であると重要な指摘をしている。

これに対して門脇神父は、再度「同じ穴の貉《むじな》の論争――本多氏の反論に答える」（『カトリック研究』第二六号、一九七四年）を著し、応酬している。その中で、自分は「本物の禅体験をもっている」から、相即の論理を理解していると思っていると主張する。また先生が批判しているのは講壇スコラ哲学に外ならず、本来のスコラ哲学にはその批判は不当であるとする。さらに相即論理はあくまで「人間の論理である限り、その制約をある観点から受けざるをえない」ため、神と被造物との類比をいう場合には、適切でないという。そして本論考における先生の学問的貢献を一定称え、禅と西田の思想とカトリシズムの「融合は可能」だと述べて擱筆する。先生は同神父の回答を読んで、「ひたすら相手のあげ足をとって、これを批難することに汲々としている」（Ⅵ四三頁）と手記に記している。

この論争について、稲垣良典氏は「〈成果と展望〉カトリック神学における主要な動向」（一九七六年「日本の神学」第一五号）において、両者の論点をこうコメントしている。論争の中身に踏み込まない、あくまでも表面的な記述だが、一応資料として掲げておく。「論争としてはちぐはぐなところが目立ったが、この問題にふくまれているいくつかの困難をうきぼりにすることには成功したと思う。本多氏の論文は、氏が自らの求道のなかで到達した洞察や体験を、それにもっともふさわしい形で表現に移そうとする苦心の記録であり、そのようなものとして強い説得力をそなえている。他方、それを学問的な労作として評価しようとすれば、門脇師の手厳しい批評――たとえばカトリック神学の精神的遺産の継承の欠落――が的中することは認めざるをえない」。稲垣氏はトマス哲学の泰斗であるから、われわれは先生のスコラ学理解を検討してみる必要がある。もしスコラ哲学を全体的に見て、そこにすでに相即的理解が含まれているとすれば、門脇師の判断を認めなければならないであろう。

（5）西田はこう述べている。「相対的なるものが、絶対的なるものに対するということが、死である。イザヤが神を見た時、〈禍なるかな、我亡びなん、我は穢れたる唇のものにて、穢れたる唇の民の真中に住むものなるに、我眼は万軍の主なる王を見たればなり〉といっている。相対的なるものが絶対者に対するとはいえない。また相対に対する絶対は絶対ではない。それ自身また相対者である。相対が絶対に対するという時、そこに死がなければならない。それは無となることでなければならない。我々の自己は、唯、死によってのみ、逆対応的に神に接するのである。神に繋がるということができるのである。対象論理学はいうであろう。既に死といい、無というならば、そこに相対するものもないではないか。相対するということもいわれないではないかと。しかし死ということは、単なる無ということではない。絶対といえば、いうまでもなく、対を絶したことである。しかし単に対を絶したものは、何物でもない。単なる無に過ぎない。何物も創造せない神は、無力の神である。神ではない。無論、何らかの意味において、対象的にあるものに対するとならば、それは相対である。絶対ではない。しかしまた単に対を絶したものというものも絶対ではない。そこに絶対そのものの自己矛盾があるのである。如何なる意味において、絶対が真の絶対であるのであるか。絶対は、無に対することによって、真の絶対であるのである。［…］」(「場所的論理と宗教的世界観」『西田幾多郎哲学論集Ⅲ』(上田閑照編)所収、岩波文庫、二〇〇二（一九八九）年、三二六頁以下)

(6) この議論は三一書房の企画で行われたが、少し時を経て、一九八一年に同社より『仏教とキリスト教――滝沢克己との対話を求めて』という題名で出版された。また先生は一九九〇年に、この論争をふり返り、自己の立場をいっそう明確に説明するために、『超越者と自己――滝沢・阿部論争によせて』を創言社より出版した(第Ⅱ部第三章参照)。これについては、橋本裕明『東洋的キリスト教神学の可能性』の第七章「本多哲学における『可逆即不可逆』の『即』(一)」を参照。

(7) そのさい先生は、滝沢氏の不可逆の付加と阿部氏の最終項目としての絶対可逆の強調に疑義を呈している。前者は抽象的な対象論理性の残滓を示しており、後者の絶対可逆の提唱も、不可逆即可逆・可逆即不可逆の即すなわち絶対無の場所に立ち得ていないからである。

(8) AREは二人称単数、AMは一人称単数としての神をあらわす。

第二章　『比較思想序説』を読む

安松聖高

はじめに

『比較思想序説――仏教的「即」の論理とキリスト教』（一九七九年刊、以下『序説』とする）は、そのつど書かれた七編の論文から成立しているが、ここでは紙面の都合上、その内の、２「親鸞との出会い」と５「西田哲学との出会い」の二編に絞って、Ⅰ、Ⅱとして概説を試みることとしたい（5の第四、五節は割愛する。なお重複する内容については整理して述べる）。また最後にⅢとして、筆者による小文「臨床相即哲学者　本多正昭」を付加して、先生が筆者の経営、運営する病院で、絶望的苦悩の只中にあってもがいておられた患者の心に希望の光を点じて下さった事実を報告したいと思う。なお本書の章立ては次のとおりである。

序文

1　神と仏

I 「2 親鸞との出会い──『歎異抄』とキリスト教」

これは一九七八年発表の論考である。ここではカトリック・キリスト教の立場からであるが、現在すでに諸宗教的対話の時代が到来しており、他宗教から学ぶ恵みに感謝しつつ歩みを進めていくべきだと提言する。先生は仏教の宗教哲学を、浄土門の親鸞になる『歎異抄』から抽出して、考察する。

一　問題提起──日本人とキリスト教

ここでは、日本人キリスト者が日本に根付いた仏教を学ぶことがいかに必要であるかが指摘される。

先生はまず現状を、キリスト教が自分の殻の中に閉じこもっている時代ではないと分析した上で、仏教こそがまずその対話の相手であると主張する。実際に、「キリスト御自身は罪人（宗教的な意味での）との深い対話を求めてこの世に人と成られた神であり、キリスト教自身が対話的宗教」（三一頁）なのである。

「今や新しい、しかもきわめて宗教的な東洋の伝統的霊性との接触を避けることのできない時代に入っている」（三五頁）のであり、「仏教の挑戦は、キリスト教二千年の歴史を通して未だかつてみられなかったようなラディカルな形で迫っている」（同頁）というわけである。そしてこの挑戦を「神からのもの」（同頁）すなわち神からの恩恵だと考えるべきだとする。なぜかといえば、仏教は西欧キリスト教の論理的アポリアを解決することのできる方策を提示していると思われるからである。日本人キリスト者が日本人の信徒としてのアイデンティティを形成するには、仏教が「ギリシャ哲学や近代思想の衣を着ていたずらに合理主義的主知主義的になり下った西欧的キリスト教に対して投げかけるもっとも深い、もっとも鋭い問いかけ」を真摯にとらえ、熟考し、答えを出す必要があるからだと説く。西欧的キリスト教の論理は、「余りにも抽象的で、少なくとも日本人の精神にはもっとも適合しにくいもの」（三二頁）なのである。

それでは先生は仏教から何を学ぶべきであると考えているのであろうか。先生はこう述べる。

仏教は「これまでのキリスト教が説いてきたように、神と人、創造者と被造物、天と地、有と無、自と他、信仰と理性などなど、何でもまず頭で二つに分けて、次に両者の関係を考えてゆこうとする二元論的な思考では、絶対に真実に触れることはできない」（三六頁）とし、さらに仏教が真理を「非有非無」（同頁）と説くからである」（同頁）とする。それはいわゆる二元論的思考の克服だといわなければならない。

そしてこの節の最後をこうしめくくる。

一でも二でもない、不一不異（即）という論理の自覚は、仏教においてはじめて把握されてきた東洋のきわめて貴重な遺産といえるであろう。私は『歎異抄』の中にも万人を照らす絶対者の光（啓示の光）が宿っていること、その光線のきわめて東洋的な色彩にひそむ仏教独特の論理性が、西欧的キリスト教の論理的悩みを解決してくれるのではないかと思われてならない。［…］この具体的な慈悲の論理ともいうべき不一不異（即）の論理を探ってみたい。（三八頁）

二　第十八願の相互的同時因果

第十八願とは、『大無量寿経』に説かれる第十八番目の誓願であり、「王本願」とか「選択本願」などと呼ばれているものである。先生はその内容をこうまとめている。

「もし私（法蔵菩薩）が仏と成れば、生きとし生けるものことごとく仏心（如来の本願）を深く信じ心からなる願いをもって私の国（浄土）に往生することを欲し、十回くらい、といっても数にかかわらずともかく念仏を称える身と成るであろう。もし衆生が（念仏を称える身と成って）浄土に生まれないならば、私は正覚を開くまい、決して仏には成らぬ……」（設我得仏。十方衆

生。至心信楽。欲生我国。乃至十念。若不生者。不取正覚。……）（四〇頁）

ここで法蔵菩薩は「私が成仏すれば、衆生は皆成仏する。衆生が皆成仏しなければ、私も決して成仏しない」という決心を示しているが、先生はそこに西田の「仏あって衆生あり、衆生あって仏あり」という「絶対矛盾的自己同一」または「逆対応」の関係を見ている。それはつまり、「仏と衆生の関係は前後（時を異にする＝異時）因果の関係としてではなく、相互的な同時因果において不一不異の関係をなしている」（四〇頁）ということである。そして先生はこの相互的同時因果」の関係をこう説明する。

相互性の論理は実存的な愛の交わりの論理であるが、この場合の相互性とは全く対等な者同士の相互性ではありえず、このような相互性が成立するのは絶対者の働きによる。つまり、絶対が相対に成り切ることによって、相対が絶対へと迎えられるという意味で、絶対者のひとり働きといってもよいような相互性である。（四一頁）

つまり、絶対者と相対者の同行的相互性を可能とするような絶対者の「ひとり働き」により、絶対者との真の愛の交わりが可能となり、相対者の一人ひとりが本当に自己を回復して真の自由を得るというわけである。

また、先生は「仏あって衆生あり、衆生あって仏あり」という不一不異的相互性（おたがいさま）

に内包される「同時性」に焦点をあててこう述べる。

阿弥陀菩薩本願成就の「かのとき」と、その本願力によってこの世で初めて信心をえた「このとき」とは、無限に時を隔てながらしかも同時、不一不異、相即相入の関係をなしている。「かのとき」と「このとき」がお互いに自己の中に他者を含むというこの独特な関係的時間は、「瞬間」とも「絶対現在」とも言われる。（四二頁）

この時間は、先生によれば、たんに過去と現在との不一不異の関係にとどまるものではない。それはさらに未来と現在の相即相入という関係的時間でもあるのである。つまり、「この世で廻心（第一の往生）を成しとげた信者（宗教的実存）にとって成仏（第二の往生）はどこまでも未来の出来事であり、浄土門のみならず、聖道門の人々でさえも現実には未来開覚に帰一する」（四二頁）のである。その上で、先生はこう結論づける。すなわち

信心が決定する場所としての「絶対現在」というのは、無限の過去と無限の未来とが、弥陀の本願力によって同時となるような、いわばカイロス的な時熟的瞬間のことであり、宗教的実存というのは根底的にはすべて、このような時熟的瞬間がおのずから展開してゆく姿であるということができる。そしてその瞬間は、いつもがはじめ、いつもがおわりというようなときである。（四三頁）

三　他力をたのみまつる悪人

先生は、親鸞聖人を「きわめて罪の意識の鋭く深い人」（四四頁）であったと指摘する。親鸞は「善人なおもて往生を遂ぐ、況んや悪人をや」と言ったが、この「悪人」とは、「仏を前提としてはじめて成立する言葉である。仏と逆接している概念であり、ある意味で仏を含む言葉だともいえる」（四四―四五頁）のである。先生はいう。

親鸞のいう悪人とか凡夫というのは、絶対に凡夫や悪人に非ざる如来（絶対者）との不一不異的な関係において成立する言葉である〔…〕。凡夫というとき、それは自覚論的な概念なのであって、仏を含む〔…〕仏と矛盾相即的な概念である。〔…〕凡夫あっての仏であり、その意味で仏は凡夫と共に、凡夫のために、凡夫によって、仏として成立している。（四六頁）

すなわち、凡夫は仏という超越者の光を浴びることで、はじめて自分を罪人や悪人と自覚するということである。それゆえ「悪人」とは、自己の罪性を仏智に照らされて自覚せしめられた宗教上の悪人のことである（四九頁）。つまり、「人格は自分だけで成立するものではなく、超越的な絶対他者（神とか仏）とのかかわりによって、超越者の声を表現する限りにおいて成立するもの」なのである（四五―四六頁）。それは例えば「月明かり　照ほど暗し　松の蔭」とか「松蔭の　黒きは月の　光なり」とかいった古歌においてうたわれた真理にほかならない。光が照っているとき、光の強さの度合いに応じて影はその暗さを増していくのであり、その影の暗さは照らす光の強度を反映しているわけである。まさにそのように、先生は、「人間が自分を絶対に救われないような闇のごとき凡夫であると自覚できるのは、けっして自分の理知や意志の努力でなしとげうることではなく、絶対に凡夫に非ざるもの、逆のもの、つまり如来（仏）の本願力によるのだと考えざるをえない」と述べる（四五頁）。まさしく「悪人」とは、他力（如来の本願力）によって絶対否定的に転換せしめられた凡夫（悪人）のことであり、成仏することが決定した「正定聚の位に住する」人間なのである。

この節の最後で先生は歎異抄第九条を取り上げる。

信心決定して極楽往生がきまっていると解されているにもかかわらず、念仏しても少しも喜びを感じないのはどうしたことでしょうという唯円の問いに対し、親鸞は、「よく〳〵案じみれば、天におどり地におどるほどに、よろこぶべきことをよろこばぬにて、いよいよ往生は一定とおもひたまふべきなり」と答えている。（五〇頁）

つまり、「（念仏しても少しも）よろこぶべきことをよろこばぬ」ほどの深い闇の中にいる煩悩具足の凡夫（極重悪人）であることを仏智（光明）によって知らしめられる。

このように、先生は、如来（絶対）と凡夫（相対）との全く逆なものが、お互いに自己を否定した、否定的媒介の関係、つまり、逆対応を信心決定のうちに見ているのである。

四　仏教とキリスト教の関係

先生はこの節では、仏教とキリスト教の異同を考察するが、そのさい、神学者ジャン・ダニエルー枢機卿が提唱する神の三啓示（一、宇宙的啓示　二、良心的啓示　三、歴史的啓示）を援用する。最初の宇宙的啓示の特徴は、目に見える世界を通して神が認識されるという点にある。つまり、神の啓示に生かされている人間にとっては、「宇宙全体が象徴（シンボル）の世界である」（五五頁）。その場合に「象徴というものは、象徴されているものとは決して同じではない（不一）が、しかし全く無縁のものでもない（不二）」（同頁）。先生は偽ディオニシウスを例に挙げて、この神秘家がその象徴の世界について述べた、「神は太陽であり、星、火、水、風、露、雲、石、岩であって、一言でいえば、有るもののすべてであり、有るものの何れでもない」（『神名論』一・六―二五）（同頁）を紹介している。

さらに先生は、これは仏教界においても妥当すると考えている。

道元は「一切衆生、悉有仏性」を即「一切衆生、無仏性」と釈している（『正法眼蔵』仏性の巻）。古来、「いかなるか、これ仏」という問いに、ある人は、「いかなるか、これ仏ならざるもの」と答え、趙州は「庭前の柏樹子」と言い、洞山は「麻三斤」と答えた。［…］これらはみな、万物が仏（絶対者）の自己否定の姿、すなわち象徴であることを示しているのだと解することができる。香厳の撃竹による聞声悟道、霊雲の見色明心の悟りなど、これらは何れも宇宙的啓示の体験と言える。つまり、宇宙的啓示の世界は、キリスト教と仏教との共通の財宝であると言えるのである。
（五五―五六頁）。

第二には、良心的啓示が来る。

これは万人の内面に示されるものにほかならない。このことは、「人間の良心を通じて絶対者が自己を示すという事実をさしている。良心の声は人間の自由意志の働きよりももっと深い根底をもっており、私たちは自由にそれを抹殺することが出来ないものであり［…］たしかに超越者の声を含むもの」（五六頁）である。それゆえ先生は、この宇宙的啓示と良心的啓示の二つに関しては、仏教とキリスト教は「共通に分ち合うことのできる絶対者との出会いの領域である」とし、「その限り仏教とキリスト教は本質的に異なったものではない」と断言する（同頁）。

最後に、歴史的啓示について説明される。

絶対者である神が人類の歴史の中に介入されて自己自身を人間の言葉と行為によって示されたという歴史的事実としての啓示である。これこそキリスト教的信仰にとって特有の根拠をなすものであり、［…］このようなことは仏教にはみられない。とすると、キリスト教独自の成立根拠をなすものは、この歴史的啓示だということができる。
（五六―五七頁）

そして先生はさらに、この啓示で示される神は三位一体の神であって、単なる唯一神ではないと強調する。そしてこの歴史的啓示は。「『見ずして信ずるものは幸いなり』とキリスト御自身いわれたように、決して肉眼で見てはじめて信ずるのではなく、霊のまなざしで視ること」（五七頁）を通して与えられるものであると指摘する。この啓示は仏教には見られず、キリスト教だけがその成立根拠として有するものであって、これを欠いてはキリスト教はキリスト教ではなくなると述べる。

五　三位一体の神

先生は、キリスト教の神理解をこう説明している。

三一〔三位一体〕神における三つのペルソナと一つの実体との永遠の同時性は、〔…〕神という一つの実体がまず在って、そこから三つのペルソナが属性として派生するのではない。三つのペルソナの関係こそ神の実体である。つまり、キリスト教の神ははじめから関係的な実在、対話的な愛の原型的世界だということができる。父は子に対して父なのであり、子は父あっての子であり、父と子の完全な相互授与の関係こそ聖霊の働きである。こうして三位一体の神は、唯一なる神の内における対話（ディアロゴス）と無我愛（アガペー）の関係そのものであり、それゆえにこそ実在の最高様式が純粋な関係以外の何ものでもないことを啓示している。

（五九頁、〔　〕内は引用者）

そしてさらにこの神内の関係性は、被造物である人間自身にも決定的に照応しているという解釈を示す。

人間はこのような三一神的関係（原実在）の映し（神の像（イマゴディ））として創造されている。従って人間が成熟するということは、フロムもいっているように、自らのうちに父性的原理と母性的原理を統合してゆくということに外ならない。それはキリスト教的にいうと、聖霊の働きによって三一神の写し（似姿）を実現してゆくということである。（五九―六〇頁）

そうして最後に先生は、第一と第二の啓示を忠実に生きている仏教徒が、「神の真理の証し人として、キリスト教徒の模範でもありうる」（六〇頁）ことを指摘する。なぜなら、「三種の啓示は同じ神よりのものとして、互いに相補的関係をなしている」（六〇頁）と判断されるからである。

Ⅱ「5　西田哲学との出会い――場所的キリスト教神学への一試論」

本章のもととなるのは、一九七八年に『理想』誌第五三六号に掲載した「場所的キリスト教神学への一試論――西田哲学とカトリシズム」であり、これを付加修正して本章にしている。ここでは、キリスト教は伝統的神学を探究しつつも、現代的要請（時代性、地域性）に応えて、つねに新たな神学を構築すべき努力を怠るべきではないとされる。神から恩寵として与えられた信仰がそれを摂理的課題として要求しているからである。

一　第二バチカン公会議をめぐって

先生は先ず冒頭で、西田哲学の表現を借りて、「カトリック教会は、本来聖霊によって『形作られたもの』即『形作るもの』として、きわめて力動的な『歴史的生命』の一つの形なのであり、決して単なる理論的教義の固定的体系のごときものであってはならないはずであった」（九七頁）と批判する。しかし現実にはどうであったか。西欧のカトリック神学は徹底的にギリシャ的合理性に依拠しており、「とりわけ東洋的無の文化、あるいは大地的霊性なるものに自己否定的に受肉してゆくという姿勢が全く欠落していた」（九七―九八頁）。伝統的カトリック神学の神は「主語となって述語とならない第一実体的な神、それゆえに単に不可逆的なものとして思念せられる神」（九八頁）であり、「独り天に坐し見下しては地を審き、決して大地に受肉し来らぬ、もともと反キリスト教的な神概念に外ならなかった」（同頁）とする。ようやく二十世紀になって、聖霊の促しを受けて第二バチカン公会議（一九六二―六五年）が開催され、本来の教会の「より動的かつ進化的観点」（notio magis dynamica atque evolutiva）を表明した」（九七頁）のである。先生はその変更を示す表現として「普遍なる教会は、他の諸宗教の中に見出される真実で尊いものは何も退けない。［…］それらは教会が保持し提示するものとは多くの点で異なってはいるが、すべての人を照らす『真理』のある光線を示すことが稀ではない」（「キリスト教以外の諸宗教に対する教会の態度についての宣言」文書）を引用している。また同公会議は、「教会の宣教活動に関する教令」において、教会が「神学生が［…］

母国の伝統や宗教とキリスト教徒の間に存する関係を見きわめる」ように勧告するとともに、「非キリスト者との対話の場を作る信徒」をとくに賞賛するようになったと指摘する（九九頁参照）。このように公会議は、旧来の西欧中心主義から脱却する方向性を力強く宣言したのである。それは先述したように、公会議が他宗教の中にもある種の神の啓示（宇宙的啓示と良心的啓示）が含まれている事実を確認したということである。そして先生はこう述べる。

このような教会（一般者）の動向（自己限定）は、もちろん個々の信徒（個物）とは無関係に、単なる一般者的限定として天降り式に宣言されたわけではなく、それは「歴史的生命」（聖霊）の促しによって一般者的限定と個物的限定との矛盾的自己同一的に、縁起的摂理的に「表現」されたものであり、従って心ある信徒の魂の底にも、とりわけ東洋の回心者の心の底には、すでに早くから抗し難き要求によって予感されていた世界精神史的胎動の一成果に外ならないであろう。（九九頁）

そして固陋化した西欧のキリスト教は、「今一度死復活的に、東洋の――われわれにとってはとくに日本の――霊的遺産を媒介として、いっそう具体的に再表現されるべき」（九九頁）時機を迎えているのだとする。そのさいきわめて有効になる宗教哲学が西田哲学であり、その「場所的論理」にほかならないと確信を述べる。先生にとって神から摂理的に与えられた哲学的使命とは、「場所的論理を媒介としてキリスト教的世界観を再表現ないし再解釈せんとする宗教哲学的努力」（一〇〇頁）なのであった。

二 「神あって世界あり、世界あって神あり」

表題は、後期西田哲学の根本的立場であり、神と世界との関係は可逆性にあるということである。先生はこの定理に出会った当初は、この関係の記述を肯定できなかった。神と世界の関係については、創造主と被造物の間に絶対に不可逆の関係性があるのであり、後半部は納得できるものではなかったのである。しかし後期西田哲学の研究を深める中で、この関係性が理解できるようになり、それどころか後期西田哲学を発展的に継承して、自身の東洋的キリスト教神学の独自の立場を明確にされるようになったのである。

先生はまずこの節の冒頭で、表題についての結論的見解を提示することから始める。

場所的論理における絶対と相対との可逆的関係は「何処までも自己自身に反するものを包む絶対の愛」の論理構造としての逆対応を示すものであるが、この可逆性（いわば母性的論理）は単なる同一次元での相互転換可能性なのではなく、その自己否定的契機として絶対に逆転を許さぬ不可逆性（いわば父性的論理）を自らのうちに含むような可逆性であると解することができる。（一〇一頁）

けだし絶対愛は母性愛と父性愛との高次元における統一とも考えうるからである。逆に言えば父性愛と母性愛とは絶対愛の中に不一不異的に含まれている両契機をそれぞれ対象的に反映したものといえよう。それゆえ場所的論理は、可逆性即不可逆性、不可逆性即可逆性という、絶対愛の、従ってまたあらゆる人格の根源的在処の論理でなければならないであろう。（同頁）

先生は神戸時代から中山延二博士について仏教の研究を始められたが、その焦点は大乗仏教の根本をなす「即」の論理であった。そしてこの論理の探究を通じて、先の西田の定理に関して、キリスト教の本来の立場が「不可逆性が単なる不可逆性ではなく、可逆性と相即的な不可逆性である」（一〇一頁）ことを自覚したのである。つまりこの不可逆性は、「決して単に畏怖の念のみを喚起するような一方通行的不可逆性（単なる不可逆性）ではなく、それは同時に、愛と自由と信頼の交わりをもたらすような不可逆性であった」（一〇一―一〇二頁）ことに気づいたのである。それは若き日の回心という一大事において実証されている「可逆性と不可逆性とは相互的同時因果の関係」にほかならなかった（一〇二頁）。

この関係性の理解を提示した上で、先生は後期西田哲学における神と世界の関係性の論理を精確に検証する。すなわち先生はまず、西田の定理について、これは「決して一元論的汎神論的可逆性の言表ではなく、不可逆性を含む、不一不二的に開かれた場所的可逆性の命題でなければならないと思う」（一〇二頁）とし、西田の「AあつてBあり、BあつてAあり」という命題を分析的に考察する（一〇二―一〇三頁）。そしていう。

まず「AとB」の関係についてAとBとをあらかじめ切り離しておいて両者が相即する。つまり、分離から結合へ、二から一へと考えるのは、二元論的抽象思考であり、AをBに、BをAに吸収するのは、二元論を前提とする一元論的抽象思考である。（一〇三頁）

AとBがまずあって両者の関係が偶有的に成立するのではなく、関係が先にあってそこからAとBが派生するのでもない。「AとB」というときの関係と両項、従って相依相待と各項の独立性も、AとBの関係と同じように同時成立であり相互因果であり、絶対矛盾的自己同一なのである。従って個の独立は関係に依存し、逆に関係を限定している。いわば縁起的独立である。（一〇四頁）

そうして先生は、「神あって世界あり　世界あって神あり」というのは、相互に独立した二つの命題ではない。「神あって世界あり」ということが直ちに「世界あって神あり」ということであると主張するのである（一〇四頁参照）。これは実に自覚による命題なのである。つまり「心霊上の事実」においては、「神の先行性や不可逆性と、神と世界との同時性や可逆性とは不一不異的に統合されている二つの契機」だということなのである（一〇五頁）。

最後に先生はこう結論する。

「場所的神学」的方法論に立脚する限り、根源的事実においては相対者は絶対に自己に非ざる絶対者を自らのうちに逆対応的に含む、いわば即非的相対者であり、無相なる絶対者の自己否定的（有的）表現――無の有――なのである。従って又、絶対者（全体的一）も相対の中に受肉し切ることによって自らは無と成り、有相なる相対者（個物的多）の自己否定的（無的）根拠――有の無――をなしているのである。「真の全体的一は真の個物的多に於て自己自身を有つものであり、神は何処までも自己否定的に此の世界に於てあるのである」といわれるのはそのためである。（一〇五―一〇六頁）

ところで先生は、「親鸞との出会い」の中で次のように述べている。

（仏と衆生の）相互性（可逆性）とは、絶対が相対に成り切ることによって、相対が絶対へと迎えられるという意味で、絶対のひとり働きといってもよいような相互性である。（四一頁）

この先生の表現を借りて、浄土門の「回向」について述べるならば、如来が自己否定して（如来の還相、不可逆）、衆生に成り切ることで衆生が如来に迎えられ、衆生の往相がなり、つまり、衆生の往相は如来の還相に依り（往相即還相、逆対応）、同時に、往相が成った衆生を通して如来の還相がはたらいて、他の衆生を済度するという衆生の還相がはたらく。すなわち、如来の還相は、往相が成った衆生に依拠する（還相即往相、平常底、可逆）ということである。

このように、衆生の往相も、衆生の還相も、如来のひとり働き（不可逆性、如来の還相）によって成るのである（因みに、如来の還相を曽我量深師は、大還相と表現している）。つまり、本多哲学の「可逆即不可逆、不可逆即可逆」は、浄土門に於ける回向思想が「往相即還相、還相即往相」であること、さらに、「逆対応即平常底、平常底即逆対応」であるという新しい地平を切り開く可能性を孕んでいるとも考えられるのである。

三　宇宙的啓示の世界

本節の内容は、先の第二章「親鸞との出会い」第四節「仏教とキリスト教の関係」の中の三啓示と重複する部分が多いので、煩瑣を避け、本節独自の指摘についてだけ概説しておくことにしたい。先生は、西田が「絶対矛盾的自己同一」とか「逆対応」の根拠とする「即」の論理は、事実、ユダヤ教やキリスト教にも認められるとする。「詩編」（旧約聖書）、パウロ、アウグスチヌスの論理構造においても、神の超越即内在は表現されているのである（一〇八頁）。

さてこの節において特徴的なのは、心身論への言及である。

先生はカトリックの神学者トマス・アクィナスの心身論を取り上げて、こう述べる。

トマスの心身論は、人間の終局的状態、つまり復活した状態における霊魂と肉体との不一不異的相即性の完全な実現を示唆しているように思われる。[…] トマスは [⋯] 次のように説明している。「霊魂は永続的に存在するものであるから、それは再び肉体と結合することが必要である。これが復活するということなのである。従って霊魂が不死であるということが未来に

おける肉体の復活を要求しているように思われる」。（一〇八—一〇九頁）

そしてその上で、こう指摘する。

身心一如という人間の本来性が現世においても部分的に不完全ながら体現されうるならば、復活の栄光はあながち単なる終末のことがらとして表象されるにとどまらず、終末をも逆対応的に含む絶対現在の場所的事実として自覚されるべき必然性をもっているのだということができるであろう。（一〇九頁）

それはまさしく、身心一如と絶対現在の自覚が相即していることの指摘なのである。

四　提灯の世界（省略）

五　若干のキリスト教的根本概念の再検討（省略）

Ⅲ　臨床相即哲学者 本多正昭

先生には、二〇〇三年～二〇一〇年の約七年半、当院の顧問としてお勤め頂いた。その間一貫して、臨床の場に身を置くことを願われた。外来の診察室で患者の悩みに耳を傾け、病棟で終末期の患者の傍らに佇まれた。

例えば、脳卒中後遺症で重度肢体不自由者のFさん（当時六五歳、男性）は、常に希死念慮を抱いていたが、先生と診察室で出会って以降、まさに、消えかけていた生への灯が再び強まった。先生のカウンセリングが終わって約一三年になる今でも、Fさんは、「もう一度先生に会いたい。先生は真の哲学者だった。先生によって甦った。僕は、この世を旅立った後も、先生の弟子となって真理を学びたい」と涙しつつ話す。Fさんは先生との出会いの後、先生が依り処となり、心の自由度が高まり、「身体は不自由であっても、心は自由無礙になった」とまで言う。先生は、現在もFさんの生きる希望になり続けている。

また、遷延化しつつあったうつ病のMさん（当時五五歳、男性）は、小生が主治医をしていたが、途中で先生がカウンセリングを担当された。ある時、それまでほとんど無口であったMさんが、堰を切ったように誰にも打ち明けたことのない秘密を先生に告白し始めた。それは、不正に手を染めた過去であった。その為、住み慣れた土地から福岡に出奔せざるを得なかったその経緯や、自分は生きる価値のない人間であり、さらに生きること自体が罪であると極めて苦しい胸の内を最後は号泣しつつ明かした。この日がまさに転換点となった。その後、一気に治癒機転が進み、抑うつ気分や精神運動制止、強度の不安や希死念慮などのうつ症状は軽減していき、職場復帰を果たした。

もう一例をあげる。Iさん（当時八二歳、男性）は旧日本兵であり、壮絶なシベリア抑留の経験を持つ。極寒の厳しい環境下にあって、苛烈な労働を強要され、栄養失調で肺を病み、死線をさまよい、九死に一生を得て、かろうじて日本に帰還した。

Iさんは、先生に「日本に帰還して六十年近く経つのに、未だに必ず週に一回、収容所に居る夢を見る。汗だくで飛び起きてはっとこれは夢だったと気付いてほっとする。ずっと長年この繰り返しじゃった」と語り、「夜中、ノミが一勢に隣から大移動してくるのが分かる。それは、隣に寝ている者が死んだということだが、しめた、毛布が手に入る、生き長らえることができると思うんじゃ」、「その日の夕方、凍結した土をツルハシで掘って、その遺体を埋めるんじゃ、人の死を喜び、平気でその人の墓穴を掘り埋める、地獄じゃった」と話は続いた。

Iさんは、いわゆる、心的外傷後ストレス障害（ＰＴＳＤ）であり、戦争や収容所に纏わるトラウマ記憶が突然鮮明に甦るというフラッシュバックに未だ苛まれていた。この事実をも先生に告げた。その時、私も初めてそのことを知った。さらに、「多くの戦友が逝ったが、その死を悼むこともなく自分が生き残ることに必死じゃった」とつぶやくように漏らした。Iさんから、シベリア抑留の話はそれまで何度か聞いていたが、先生の前で話すIさんの口調や雰囲気は、いつもの明朗なそれとは異なり、静かでしんみりとしたものであった。その雰囲気の核は、悲哀と懺悔であったことは間違いない。先生は、ひたすらIさんの話に耳を傾けられた。まさに、「無にして聞く」である。或いは、先生の絶対現在の自覚により、相対的な枠組である意味連関の場が無限空間の「開け」に於いて再構築され、「安心（あんじん）」に根差す癒しの雰囲気が行き交う場としてしつらえられる如くであった（少なくとも、先生の絶対現在の自覚がそのような場所の現成の契機となったと考えられる）。そして、「Iさんと先生」との「と」が解脱空間になり、Iさんの「いのち」は自然治癒力を解き放されたと推測する。

また、先生は二種深信や他力をたのみまつる悪人などの話をした。しかし、それは説教とはほど遠く、Iさんとの話の流れから、啐啄同時的に先生の口から自然に衝いて出てきたものであった。相即を信解し、超越的雰囲気をまとわれた先生独自の身心一如の「風格」で面接の場は包まれ、Iさんは、「有難いことじゃ」と最後に涙を流しつつ話した。同席した私も胸が熱くなった。

Iさんはそれまで呼吸器症状を訴えるものの、胸部X線検査を頑なに拒み続けていたが、先生との語らいの後、その検査を受けてくれた。その胸写を見て驚いた。右肺野は真っ白であり、右肺は全く機能していなかった。極寒の地であるシベリア抑留の想像を絶する過酷さを垣間見せられた一瞬であった。その後、Iさんは、「わしの苦しみを本当に理解してくれた唯一の人じゃ。この先生は本物じゃ」と年下である先生に弟子が師僧に相対するが如く、尊崇の念を持って接した。これを契機に、悪夢の出現する頻度は明らかに減り、夢の内容も闇に光が灯るが如きそれに変容していった。また、フラッシュバックの頻度や強度も減じられていった。先生との出会いの後、Iさんは、熱心に正信偈を仏前で称えるようになり、シベリア抑留の呪縛から徐々に解かれていき、苦慮感は薄らいでいった。

F氏、M氏、I氏、いずれも先生の面接が治癒機転の契機となったことは間違いないが、先生との関係に於いて、治癒への流れが如何にして生じ、促されたのであろうか。

相即人間学会の橋本裕明代表は、次のように説いている。少し長くなるが引用する。

イエスは人間にとって最も重要なおきてを愛することだとし、［…］愛の二つのベクトルを語った。その愛すなわち、神を自己のすべてをかけて愛することと、自分を愛するようにして隣人を愛することは、いうまでもなく相即する。しかし、その人間同士の愛の関係も相即なのである。つまり、一方で相手に対する無限の敬意があり、その敬意において深い友情が成立している。つまり、不可逆と可逆が同時成立しているのである。

先生は人を見るとき、年若い学生に対してでも、この態度を忘れられなかった。そして、教師でありながらも学生から聞く姿勢をとり続けられた。さらにいえば、学生から学ぶ教師であられたのである。このようにして、先生に於いては、神と世界の関係の次元もわれわれが生きる現実世界の次元も異なるものが異なるままで一である相即の論理において働いていると理解され、それを人々に伝え、教えて来られたのである。

本多哲学はこうして、仏教的「即」の論理を同一次元の可逆的即ではなく、本来の即、すなわち不可逆即可逆、可逆即不可逆の「絶対無の場所」としての即として捉え直し、展開してきた。

（『相即の哲人　本多正昭――その求道と学問的使命』、九〇―九一頁）

橋本代表の文の中の学生を患者に置き換えた姿勢が先生の臨床の場での姿勢そのものであった。すなわち、先生は患者を診る時、先生でありながらも患者から聞く姿勢を一貫としてとり続け、さらに患者からひたすら学ぶ先生であった。

或いは、

先生の師である田辺重三先生に、初恋でありながら先生の魂に深い痕跡を残したミスSの件を包み隠さず赤裸々に語られた際、田辺先生は、「真剣に聞いて下さった。語る私よりもはるかに真剣に先生は聞いて下さり、」、さらに、「奥の奥まで見通すような灰色に光っていたあの時の先生の瞳を私は生涯忘れえないであろう。その瞳の中に、私は死を超えた永遠の命を感じた。」

(『相即の哲人 本多正昭』、九、一二頁)

と先生は述懐しているが、その如く、先生は遥かに真剣に身を堵して身心一如に患者に耳を傾けられていた。慈眼視衆生の風格でその場が包まれた。

前述の愛の二つのベクトルを敷衍すると、神を愛すると同時に自己が神の愛に摂取される。そして、同時に神の愛は自己に浸透し(自己の内に宿り)、さらに同時に神の愛が宿った自己を通して、神の愛は他者に働き、隣人愛が現成する。

さて、既述のように浄土門の回向について述べた。引用すると、

絶対なる如来(不可逆性)が絶対に自己を否定して(如来の還相、大還相)、相対なる衆生に成り切ることで衆生が如来に摂取され、衆生の往相がなり(可逆性、還相の往相、超個の個、逆対応)、同時に往相が成った衆生を通して、如来の還相がはたらいて、他の衆生を済度するという衆生

の還相がはたらく（往相の還相、個は個に対して個、平常底）。

このように衆生の往相も、衆生の還相も、如来のひとり働き（不可逆性、如来の還相、大還相）によって成る。逆対応とは「超個の個」であり、平常底とは、「個は個に対して個」である。神を倦まず愛し神の愛に浸透された先生（超個の個、逆対応）を通して、神の愛が患者や面接の場に働き、隣人愛が現出し（平常底、個は個に対して個）、面接の場が「聖霊充満」の様相を呈し、治癒機転がおのずと生じたと確信している。本多哲学にいう「可逆即不可逆、不可逆即可逆」を先生は身をもって臨床の場で実践してみせられた。

このように、本多哲学の「可逆即不可逆、不可逆即可逆」は、浄土門に於ける回向思想が「還相即往相、往相即還相」であること、さらに、「逆対応即平常底、平常底即逆対応」であるという新しい地平を切り開く可能性を孕んでいると臨床の場で示して頂いた。相即の哲人である先生は、臨床哲学者であり、さらに、臨死臨床哲学者でもあった。

さて、先生は、

ペルソナの標語は「われ在り（sum）」ではなく、「私は私を超えて私である（sursum）」ということである。
（『相即の哲人 本多正昭』、一七二頁）

と説いているが、先生の「癒やしの風格」は、まさしくこの sursum に依拠し、他者との永遠の交わりを生きんとひたすらつとめられた「共存在」の自覚からおのずと発露されたものであった。すなわち、先生は、治療者と患者の自他を超えて、自他を成立せしめる縁起的根源の立場に於いて、無にして聞かれた。

さらに言えば、先生は、横に、つまり水平的に患者と交わる（水平軸、同一次元の可逆的即）だけではなく、縦に、先生と患者をかくあらしめてあるもの（垂直軸、不可逆即可逆、可逆即不可逆の絶対無の場所、縁起的根源の立場）との矛盾相即的交わりの場所（共存在的論理構造の場所）に於いて患者を診られた（三〇頁、一部改変）。

かつて、筆者は先生に導かれて「矛盾的相即が自ずと生きる精神療法――相即（療）法試論」を書いた。その中で、治療者が矛盾的相即の立場に立ち、「非診、非非診」といった治療者自身の自己否定を通して、患者に接し、患者自身の否定的媒介性を高め、治癒機転を働かしめる精神療法を、仮に「相即法」または「相即療法」と称することとすると記した。

しかし、未だ具体的実践技法については、論じ得ていない。先生が臨床の場で身心一如に実践された「臨床相即哲学」を先生の御霊に問い、「霊養」のお導きを仰ぎつつ、理論と実践の相即的往還運動を試み、たとえ、相即療法が様々な精神療法に補完的に働くものであるとしても、その具体的手法を探っていきたいと願う。それが先生の御恩に報いる道であると信じます。

参考資料

本多正昭『比較思想序説――仏教的「即」の論理とキリスト教』法律文化社、一九七九年

中山延二『矛盾的相即の論理』百華苑、一九七四年
本多正昭『神の死と誕生――「即」の展開を求めて』行路社、一九九二年
相即人間学会『即の哲学への招き――本多正昭先生講義録』良心館プリントステーション、二〇一六年
橋本裕明『相即の哲人　本多正昭――その求道と学問的使命』（私家版）、良心館プリントステーション、二〇二一年

第三章　『超越者と自己』を読む

佐藤泰彦

はじめに

本多正昭先生の『超越者と自己――滝沢・阿部論争によせて』（創元社、一九九〇年）は、筆者が一九九〇年の夏、宇治のカルメル会修道院で開催された「人間研究会」で魂の激震を感じ、先生に師事して即の哲学を学ぼうと決心した際に紹介いただいたものである。

本書は、副題に「滝沢・阿部論争によせて」とあるように、プロテスタントの神学者・滝沢克己氏と禅学者・阿部正雄氏の論争によせて述べられていて、滝沢克己・阿部正雄・秋月龍珉・八木誠一の四氏の見解を突き合わせながら、本多先生ご自身の路線を見出していかれたという形になっている。

ここでの滝沢氏と阿部氏の論争の主要なテーマは、超越者（神・仏）と自己（人間・世界）との根源的な関係は、不可逆（神あって世界あり、その逆はあり得ない）なのか、可逆（仏あって衆生あり・衆生あって仏あり）なのか、またキリスト教の立場からも可逆（世界あって神あり）ということが言えるのかという問題である。仏教では、白隠禅師の「坐禅和讃」の冒頭に「衆生本来仏なり」とあるように、もともと可逆が説かれているが、神の絶対性と世界や人間の被造性を教義とするキリスト教においても可逆は成り立つのだろうか。この点は、キリスト教と仏教（や東洋の宗教）との出会いが単にサロン的なレベルに留まるのではなく、真の対話となるために不可欠な論理的な要である。

実は本多先生は、この論争以前にすでに、八木誠一氏の『仏教とキリスト教の接点』（法蔵館、一九七六年）へのレスポンスとしてのご自身の論文「八木神学と『即の論理』」（一九七八年）において、可逆性と不可逆性の問題に触れておられる。[1] 先生はこの論考を通じて、超越者と自己の関係についてのご自身の理解が、仏教的「即の論理」や後期西田哲学の「場所的論理」を通してどのように変容したか、またカトリック者であられる先生の理解の変容が第二バチカン公会議の精神やカトリックの伝統とどう関わるのかを明らかにしようとされた。この経緯からすると、本書は先生の探究途上の論考であるが、すでにその学問的視野のアルファとオメガを含んでいるように思われる。本書は、次のように序章から始まり、第一章〜第五章そして終章という構成になっている。以下、本書の順序に従い、解説をしつつ内容を検討してみたい。

I 「序章　第二バチカン公会議・その前と後」

一　公会議以前

カトリック教会は、第二バチカン公会議（一九六二〜六五年）でその姿勢を大きく転換した。それ以前の教会について先生は、「第二バチカン公会議以前のヨーロッパ・カトリック神学の大勢は、圧倒的にギリシア的合理的であって、人間生活の時間的空間的諸条件とは無関係に、いわば先験的に妥当すべき公認の教義体系を代弁するものであった」、「旧来のカトリック教会が〔…〕東洋的無の文化、あるいは大地的霊性なるものに自己否定的に受肉していくという姿勢がほとんど欠落していた」（四頁）と言われる。

初代教会はイエスの精神の表現に、イエスの精神の論理そのものでなく、法的カテゴリーとギリシア哲学の論理を使ってしまった。さらに、キリスト教には自然についての概念が欠落していて、人間と自然に関する教義が確立されていなかった。

トマス・アクィナスの哲学にしても、時間的、空間的、文化的、歴史的に制約を持ったものに過ぎないが、教会はそれをいつでもどこでも妥当する普遍性をもった真理であるとしてきた。トマスの神学を支えてきたアリストテレス的論理（対象論理、形式論理）では、神は絶対で不可逆であり、創造に先立つ実体とされてきた。

西洋以外の世界の宗教や文化に対して傲慢でさえあった。インドのラーダ・クリシュナンは、「〈西洋的〉キリスト教こそ唯一の宗教で、他のすべての宗教は全くの虚偽であるとはキリスト教会のあらゆる階層の人びとが抱いた信念であった。この攻撃的な宣伝には必要な唯一のものが欠けていた――愛である」[2]と、キリスト教の帝国主義的な宣教態度を皮肉っている。

このような教会の傾向は次第に緩和されてきたが、その論理はアリストテレスの影響を強く受けた「君主的神」概念の反映であり、主語となって述語とならない第一義的な神概念に対して、先生は「独り天に座し、見下して地を裁き、決して大地に受肉し来ることのない、もともと反キリスト教的な神概念に外ならないであろう」（五頁）と厳しい見方をされている。

二　公会議以後

第二バチカン公会議で、カトリック教会は上記のような姿勢に対して、聖霊の働きとでもいうようなラディカルな反省を行ってきた。ヨーロッパ中心主義からの脱却、諸宗教との対話、キリスト教各派との再一致（エキュメニカル）運動という方針が打ち出され、「たえず刷新されるべき教会としての本来的姿勢を取り戻し、［…］対話する開かれた教会へと大きく変貌した」（七頁）。公会議公文書は次のように述べている。「教会は、［…］いかなる［…］民族にも国家にも、新旧いかなる習慣にも、排他的不解消的に結びつけられていない[3]」、「普遍なる教会は、他の諸宗教の中に見出される真実で尊いものは何も退けない。［…］それらは［…］、すべての人を照らす真理（啓示）のある光線を示すことが稀ではない[4]」。

この点に関して、先生が一九七八年に招かれたアジア司教協議会連盟の総会では、「祈り――アジア教会のいのち」を統一テーマとして、東洋的伝統へのキリスト教的受肉化の試みが展開された。最終日にまとめられた声明書では、「アジアの観想的な祈りの形式に含まれているたくさんの価値を考え、［…］賢明な神学的基礎を準備した上で［…］他宗教の聖典、祈りや黙想のさまざまなアジア的形式、そして民間信心の種々の形式を十分に研究すること[5]」、「観想修道会や祈りのセンターが、アジア的要素を取り入れて建設されるよう[6]」勧告している。

しかし、上記のアジア司教会議の声明は、現実には未だ建前に留まっている。日本でもミサの言葉はラテン語から日本語になり、典礼の形式も変更され、信徒が教会の中心として位置づけられるようになったものの、依然としてその歩みは必ずしも順調とは言えない。バチカンは現在も典礼にアジア的要素を取り入れることには否定的である。先生は、東西宗教の相互浸透が大勢を占めるまでには、何百年かの歴史を要するのかもしれないとして、「われわれはまず日本人としての自己に目覚めること、そして東洋神学の形成という重大な使命に応えなければならないであろう」（一〇頁）と述べておられる。

Ⅱ「第一章　神学形成の異質的媒介」

ここでは、初期のキリスト教をギリシア哲学に適応させる課題に取り組んだ三人の教父として、クレメンス（一五〇～二一一／二一五）、アウグスティヌス（三五四～四三〇）、トマス・アクィナス（一二二五／六～一二七四）を取り上げて論じ、さらに現代の神学者ロバート・ツェーナー（一九一三～一九七四）が、キリスト教は東洋の宗教に着目すべきであるとして、キリスト教のヨーロッパ中心主義からの脱却と普遍化を要請している点について言及されている。

（1）クレメンス

クレメンスはオリゲネスの師であったが、プラトン哲学を単なる手段としてではなくキリスト教神学のいわば踏み石と考えていた。彼にとって、プラトン哲学は旧約の預言と同じように、神的ロゴスの地上的顕現であるキリストの真理を啓示するものであり、彼のキリスト教的概念はギリシア的色彩が極めて強かった。

（2）アウグスティヌス

アウグスティヌスは、その入信の経緯から新プラトン主義哲学をキリスト教に近いものとして捉えていた。しかし、プラトニズムは霊肉二元論であってキリスト教とは異質の思想である。彼は、イエスの教えと自分の採用した新プラトン主義哲学との異質感に生涯悩んでいたといわれる。キリスト教にはまだ自己自身の論理がなかった。そのため、神の論理は人間には理解できないものだから信ずるほかないのだとして、知性と信仰を引き離してきた。

(3) トマス・アクィナス

トマスは、当時の教会で異端とされていたアリストテレスの哲学を精密に研究して、それにキリスト教の魂を吹き込んでカトリック神学をつくりあげ、信仰の知性に対する優位を主張しながらも両者の統合を試みた。トマスの「存在の類比」(analogia entis) は、神と被造物の連続性を強調するものとして、バルトから批判されたが、トマスは本来、アリストテレスの形式論理では説明できないものを、形式論理を駆使して説明しようとしたのであった。トマスは知性を高く評価しすぎるように思われているが、実際には神秘家でもあり、晩年には自分の神学は「藁くず」のようなものだと言って以後の執筆を拒否した。自然の本性(知性)をもってしても、超自然的な恩寵の一滴にも及ばないというのがトマスの立場である。

先生は、彼らがそれぞれの時代的要請に懸命に応えて、キリストの福音を伝えるために自分にとって異質的であったヘレニズムやギリシア哲学を積極的に神学形成の媒介として取り入れていったことを評価している。この姿勢によってキリスト教は地中海世界に広まり、世界宗教へと発展していった。しかし、ギリシア哲学の論理は二元論的であって、キリスト教神学の媒介としては完全ではなかった。

（4）東洋宗教

また先生は、オックスフォード大学東洋宗教学のR・C・ツェーナー教授の『東西宗教の比較』の中の「ここ二、三世紀を通じて、アジア民族の宗教文学を知るに至ったわれわれとしては、ギリシア人よりもアジア諸民族の方に〈福音への準備〉を探し求める方がはるかに自然なことであろう。［…］今日もなおわれわれ〈ヨーロッパ人〉が、単にギリシア・ローマ的世界の遺産にしがみついているなら、それは全く非現実的なことであり、ことばの広い意味において非カトリック的と言わねばなるまい」(7)という言葉を引用して、今日のわれわれにとって、ギリシア哲学より東洋の諸宗教を異質的媒介とした方がキリスト教をより豊かに表現できる可能性のあることを示しておられる。

Ⅲ「第二章　ロジカル・ショック心身症」

一　スコラ哲学と形式論理

（1）留学先での心身症

先生が留学してスコラ哲学の研究に没頭しておられたとき、自身の回心体験と乖離している形式論理に信仰の名において自分を合わせようと努めた挙句、心身症を患われた体験を次のように述べておられる。

「私の場合、その人間としての一つの魂の中の、どこまでも非感覚的な知性的活動能力の部分だけが、いわば抽象的に引き離され、それが独立に活動することを強制されるような状況に置かれていたと思われるのである。本来心身一如的な全体としての自己が疎外されて、その疎外による内臓のストレス→ガスの異常発酵→腹部の膨満→数年にわたる嘔吐（感）、こういった一連の因果の系列が、私の健康と人格的調和とを抑圧し続けたように思われる」（二一四頁）。

この心身症に苦しんだ先生は帰国し、ドミニコ会修道院も辞して、高校の教員としての活動に転じられた。

（2）神学と哲学の二階建て構造

先生は、本当の信仰の論理を踏まえた学問体系に直接出会いたかったというご自身の求めからすると、トマスの哲学は遠回りであったと言われる。その哲学は客観的な文献学で、このロジックは世俗の学問と変わることなく、信仰がなくても頭で理解できる。

スコラ哲学と西洋近代科学に共通する方法論を支えるアリストテレスの形式論理は、矛盾律（A≠非A）、同一律（A＝A）、排中律（A＝BかA≠Bのいずれか）の三法則として知られる。しかし、現実世界においは、能動と受動、超越と内在という逆のもの結びついており、「A＝A」の論理では理解できない。西洋においても偉大な創造的哲学者たちは、矛盾の同一、反対の一致といった、現実存在の具体的な論理構造に気づいていたが、西洋では傍流的な地位に留まってきた。しかし東洋の宗教においては、このような矛盾の自覚はもっとも徹底的に追求され解明されてきた。

先生は、西洋では宗教と哲学は、客観的形式論理的な理論体系を知的にのみ満足させるが、魂はそれに満足しない、たとえて言うと、神学と哲学が二階建てになっていて、一階（宗教）と二階（哲学）の間に階段はあるが、スロープでつながっているわけではない、だから西洋の神学や哲学は、ある種のエリートしか学べない、と言われる。

ところが仏教哲学は体験をそのままロゴス化する傾向が強い。筆者も参加した中山延二先生の仏教哲学の講座には老若男女さまざまな人が参加していて、話の内容は難しくてわからないと言いながらも満足して聴いていた。

（3）仏教との出会い

先生は、心身症を契機として、東洋の思想、特に親鸞や道元と出会い、中山先生に師事して「即の論理」を体得された魂の遍歴について、次のように記しておられる。

「私の忘れ物。それが何であるかにふと気づかせてくれたのは、決して学者ではなく、一人の年老いた農夫であった。もうその人の名も顔も覚えていないが、その人とさりげなく語り合っているうちに、否、その余韻の中から、日本人の私自身の心の底に無意識のうちに流れている仏教的なものを初めて自覚させられたのである。これが私の転機となった。キリスト教の信仰はどうしてもこの民族的地下水と合流しなければならない。さもなくばキリスト教の信仰は日本の風土に真に受容されてゆくこともできないであろう」[8]。「私はカトリック信者でありながら［…］いささか思いつめるところがあって、ひとり虎穴に入る思いで、老仏教哲学者・中山延二博士の門をたたいた。ひたすら参師聞法を続けていくうちに、博士が終生の情熱を傾けてうまず説かれる『矛盾的相即の論理』（釈尊の悟りである縁起・空の真理）は、何人も逆らうことの許されぬ根源的現実の論理であることが了解されるに至った」[9]。

徹底した二元論者だったトマス・マートンが、禅や道教に接して、君主的神概念から自我を空じてゆく母性的イメージの神概念に転じていったように、先生は自分も、若い時に信仰の論理、東洋的な無、即の論理を学んでいれば、超越者と自己との関係について、信仰の事実に即して二元論を克服することがより容易になったのではないか、と述懐された。そして、中山先生に師事して思想的に落ち着いてから、先生の心身症の症状が消えていったことから、身体が思想の変更を修正するように働くことを知って、「身」というものを見直されたと話された。

二 「存在の類比」説

「存在の類比」とは、超越者と自己との関係に関するトマス・アクィナスの説である。先生はこの説に関して、「神の内在性の面については、トマスは『熱（calor）と熱体、つまり〔…〕熱い物体の熱そのものに対する相似性』でこれを例証せんとしているが、彼はさらに強烈に『火（ignis）と燃焼（ignire）』の関係にみられるような、文字通り『不可分・不可同・不可逆』的な因果関係をも『存在の類比』説によって表現しているのである」と述べておられる（二九頁）。

バルトはこれを「神人関係を逆転させ、人間へ降り来る神の方から出発しないで、神へ向かって上昇せんとする人間の側から出発するものである」[10]と厳しく批判している。しかしトマスおいても、創造者（神）が先であり燃焼にたとえられる創造作用はその結果であって、原因と結果の前後関係はっきりしている。だから、「神あって世界あり」とは言えても、「世界あって神あり」という逆方向は認められない。本多先生は、トマスにおける「存在の類比」ないし「類比的に一」という思想は、超越即内在に通じるという意味で、仏教的即の西洋的カトリック版とも称しうるであろうと評価する一方、類比が即のキリスト教版だとしても、その論理はやはり基本的にはギリシア哲学の形式論理であると、その限界を認めている（三〇頁参照）。

三　二十一世紀最大の課題

先生は、「仏教における知と行、矛盾的相即の論理と坐禅や念仏とは、本来ピッタリ合一するものである。こうなると、キリスト教の世界を、この相即論理の立場から再解釈し再表現してゆくことが、私には避けがたい課題のように思われてきた」[11]と述べておられるように、中山博士に師事しての「即の論理」の学びから東洋的神学の構築という摂理的課題を見出していかれた。先生はこの課題に応えることはイエスがご自身に課された使命であると自認された。

Ⅳ「第三章　場所的論理とキリスト教」

一　「場所」との出会い

先生は、「以上に述べてきた歴史的使命（つまり東洋神学の形成）を遂行していく上で、日本人である私自身にとって、どうしても無視することのできないのが、即（非）の哲学ともいうべき後期西田の場所の論理であった」（三四頁）と言われる。

先生の親友であられる小野寺功先生も、青年期から西田幾多郎の哲学に魅せられ、カトリック信仰の立場から日本のキリスト教神学の可能性を探求し続けてこられた。西田の到達点である「絶対無の場所」を「三位一体のおいてある場所」とみなして「聖霊神学」の構築を目ざし、二〇一五年に『随想 西田哲学から聖霊神学へ』（春風社）を上梓された。

本多先生と小野寺先生は、共にアウグスティヌスに触発されたが、小野寺先生が「三位一体の場所」を強調されるのに対して、本多先生は三位一体論に関しては多くを語られなかった。

本多先生も「悟り（見性）とか廻心と言われる宗教的体験は、自力・他力の相対を超えた大いなる目覚めである。新しい生命の誕生であり、キリスト教的にはまさに聖霊の働きなのだ」[12]、「玉城康四郎先生は、ブッダに顕れたダンマ[13]とイエスに顕れたプネウマ（聖霊）は、全く同じだと確信して世を去られた。先生の深い悲願は、キリストの悲願にも通じるだろう」[14]と述べられるように、先生が聖霊論への深い関心を示しておられることにも注目すべきであろう。三位一体論への関わり方の相違を超えて、本多先生は、小野寺先生が「西洋神学の中で最も無視され続けてきた聖霊神学の広大な沃野を開拓すべき驚くべき哲学的基礎が西田哲学（場所的論理）に伏在している」[15]点にいち早く注目しておられることを高く評価されている。

二　第一のアポリア

西田の場所的論理においては、「仏あって衆生あり、衆生あって仏がある。創造者としての神あって創造物としての世界あり、逆に創造物としての世界あって神がある」という可逆的な命題が示される。一方トマスは、「神は全被造物の外にあり、全被造世界は神に秩序づけられていて、決してその逆ではない」[16]としていて、「存在の類比」説で、いかに神の超越性と共に内在性が強調されるとしても、不可逆性が前提条件となっている。一般にキリスト教信仰の中核をなすのは、このような不可逆性である。トマス学徒であられた先生は、西田哲学はキリスト教神学の形成の論理として使えるのだろうかという疑問を感じられた。これが先生の陥られた第一のアポリア（解き難い困難性）であった。

三 第二のアポリア

しかし、やがて先生は、この第一のアポリアが、即の論理や場所的論理をアリストテレス的論理で理解しようとする偏見にもとづいていることに気づかれた。「神あって世界あり」と「世界あって神あり」という二つの命題を別のものとして分けて、どちらが正しいかという二元論的判断に依っていた。そうではなく、「神あって世界あり」ということが同時に「世界あって神あり」ということである。神と世界はどちらもが相互に原因となり得る同時的相互因果の関係にあると見るのが場所的論理である。先生は、超越者と自己の関係が不一不二、同時的相互因果の関係において把握されていることに気づいて、ようやく第一のアポリアを抜け出すことができたと述べておられる（三九頁）。

しかし、ではキリスト教のいう不可逆性は仏教のいう可逆性の中に含まれるのであろうか。含まれているとすれば、どういう形で含まれていると理解すればいいのか。この点をはっきりさせなければ、不用意に仏教の論理を用いてキリスト教の神学を立てることはできない。これが第二のアポリアとして立ちはだかってきた。

この問題の解決のヒントになったのは、西田幾多郎博士とエーリヒ・フロムの言葉であった。

四　解決のヒント（西田・フロム）

第一のヒントは、西田博士の「対象論理は具体的論理の自己限定の契機としてこれに含まれている」[17]という一文であった。西田博士も、対象論理は不必要だと否定しているわけではなく、この言葉が対象論理の正しい位置づけである。先生は、「アウグスティヌスが『神のロゴスを窺い知るは畏怖すべきことなり』[18]として、聖書の驚くべき深さに戦慄しながら、〔…〕神の神秘性との不可逆的関係を〔…〕ひしひしと身に感じ取りながら、しかも永遠の存在としての超越的神概念を単に抽象的固定的なものとして斥けるどころか、〔…〕信仰の立場から肯定している態度を、単なる対象論理的一面観として斥けることは決して許されない」（四二、四三頁）と言われる。これに関して参照すべき点として「〔…〕知的生活と霊的生活とのプラトン的融合が、具体的絶対者を抽象的に公式化してしまい、現世においても知的抽象過程の極点において最高存在たる神に到達できるという空しい希望を生み出す危険な傾向を持ちえたことは否定できない。アウグスティヌスがこれを免れえたのは、彼の真にキリスト教的な神体験のゆえであり、これによって超越的神概念は極めて具体的に把握されていたように思われる」（九六頁）と注を付しておられる。

先生は、「対象論理はまさに両刃の剣であって、それは使用如何によって独断迷妄の論理ともなれば、逆に具体的論理の跳躍台ともなりうるものである。そして、人間の具体的認識の領域においては、これら両論理はこれまた分離即結合・結合即分離的に、すなわち縁起相即的に関係しあって生きている」（四一頁）と、単に対象論理であるとして否定することを戒めておられる。そして、対象論理のみならず具体的論理をもってしても、「わたしたちには、今、鏡におぼろに映ったものを見ている」[19]ようにしか理解できない一面が残る、と言われる。

第二のヒントになったのは、フロムの『愛するということ』（*The Art of Loving*）に示された思想を通しての、場所的論理再解釈の一視点である。先生は、フロムの具体的な言葉は引用されていないが、次のエピソードを語られた。「若い時のフロムは大変な二元論者であった。あるとき彼は鈴木大拙に会って滔々と自説を述べた。黙って聞いていた大拙は、『そうですか、ところで善と悪を分けて論じているあなたは一体誰ですか』と尋ねた。この言葉にフロムは真っ青になった」[20]。先生は、西田博士の「何処までも自己自身に反するものを含む絶対の愛」[21]を、逆対応を示すものとして解しうる限り、この可逆性は単なる相対的次元での相互変換や同時的相互因果の関係を意味するものではありえず、相対とは厳しく区別された絶対がある、絶対と相対の間には逆転を許さない不可逆性がある、との解釈を示される。この部分は、先生が四歳でご母堂を亡くされ、母性愛の欠如感、その後の家庭的な悩み、青年期にニーチェに砕かれて虚無的になっていたのが、神の愛に出会って喜びに満たされた体験を交えて、次のように説明された。その神の愛とは、生みの親よりはるかに絶対的な父性愛と母性愛の高次元における統一である。神の愛は自分に背くものを包む絶対の際、背くがゆえに注がれる愛である。そういう神の愛と人間の愛の間には絶対の不可逆性がある。しかし、神に救われて愛で結ばれた以上は、自分と神の間に可逆性が成り立ったわけである。愛は可逆性の地平に開く花である。神と人間の関係は不可逆だという意識から可逆性が自覚され、同時に可逆性の愛から不可逆性が自覚されるとも言えるのである。場所的論理は、可逆即不可逆・不可逆即可逆という絶対愛の、またあらゆる人格の根源的在所の論理に外ならないと解することができる。

五　場所的論理における不可逆性の契機（秋月、滝沢、八木）

先生は、西田の場所的論理を示す可逆的命題（神あって世界あり・世界あって神あり）を可逆即不可逆の命題として再解釈してこられた。また、滝沢克己・秋月龍珉・八木誠一の三氏も場所的論理の中に、隠れた不可逆性の契機を明らかにしようとされた。

秋月氏は、「個の存在が一元論的発出論（プロチノス）では尽くしがたい。そこに何らかの場所的二元的構造が言われなければならない以上、その場所と於いてあるもの（個体）との二元の間には厳然として〝場所（神・仏＝絶対者）が先で個体（人間＝衆生）が後である〟という不可逆の秩序が存在する」[22]、「禅においても不可逆ということを認めても何もさしつかえない」[23]と言われる。普通に禅の世界で言われるのとは逆である。これは氏が若い時に受けたキリスト教の影響によるものと思われる。秋月氏は、仏教者が仏と衆生の可逆性にのみ目を奪われて、そこに存在する不可逆性を意識しない誤りを批判し、それが禅の世界に足らないから野狐禅[24]に陥りやすいのである、と警告している[25]。

滝沢氏は、「絶対矛盾的自己同一」と表されている原本的事実を紛れもなく言い表す表現として「絶対不可逆」を選んだのだと言う。(26) 神と人間の根源的関係は「神あって人あり・人あって神あり」と言えるくらい親密であり、不可分・不可同であるが、やはり神が先で人が後という関係がある。それを滝沢氏は「不可分・不可同・不可逆」と表現される。

つまり、秋月氏、滝沢氏は、西田哲学の場所的論理の中に潜んでいる不可逆性をはっきり認めている。

この議論をめぐる八木氏の見解に対して本多先生は、「不可逆性と可逆性の捉え方が、まだ端的に同時的・直接的・相互否定媒介的ではなく、視座の相違によって強調点が移動しているところに特徴がある」（五〇頁）と述べておられる。

六　体験の再解釈

超越者（神）と自己（人間）の関係が、不可逆的なのか可逆的なのかという問題に関して先生は、ご自身のキリスト教入信体験の反省から了解されてきたこととして、「われわれの神との出会いの体験にも、二つの相反する契機が不一不二的に、ないし不可同・不可分的に含まれているのではないかという事実」（五〇頁）を挙げておられる。キリスト教においては、神は創造に先立ち、絶対に独立自存であり、その前には、人間の存在も、そのいかなる体験も、回心や見性の体験すらゼロに等しい（不一・不可同）。しかし、「創造に先立ち」といっても、単に直線的時間の延長線上において時間に先立つということではありえない。不一・不可同の面は、不二・不可分の面と相即的である。

先生は、アウグスティヌスを媒介として神と出会ったときは、絶対不可逆性の意識に満たされていたが、後に仏教と出会って、この回心の体験の中に可逆的な関係の自覚も隠顕倶成的に含まれていることに気づくようになった、と述懐しておられる。このような体験をエックハルトは、「神は魂のうちに生まれ、魂は神のうちに生まれる」、「私は神が神であるための一つの原因なのだ」(27)と表現している。

滝沢氏は絶対不可逆論の立場から、「有相の人の自ら成す形としての〝覚〟とその根基[…]としての絶対無相の自己[…]とのはたらきのあいだには、絶対に不可逆的な関係が支配している。[…]徹頭徹尾、(絶対無相の自己)の絶対先行性に踏みとどまるということ、己れ自身の絶対的被決定性にただ単純に〝然り〟と言うことをほかにして、有相の自己の真に自発的な生活も思考も現成のしようはないのである」(28)と述べている。つまり、われわれ人間(有相の自己)自身が悟りを自覚するということ(始覚)と、悟りを自覚せしめる神(絶対無相の自己)の働き(本覚)との間には絶対的に不可逆的な関係がある。滝沢氏によると、イエスは本覚を自覚して始覚を最も完全に実現した人、悟りを開いた人であって神ではない。イエスは人間であるが、全人類の中で最も典型的に神の意志を表現した特別な人である。なぜイエスだけがそうなのかという問いに対しては、「然り」と肯定して讃嘆し賛美するほかはないと言う(29)。滝沢氏は、イエスの神性を斥け、キリスト教の排他性を克服しようとするのであるが、先生は、イエスの地位を人間と同レベルに落としている、にもかかわらずイエスのみが奇跡的なできごとであるという滝沢氏の主張には、信仰と神学の二元論的な緊張が感じられると指摘しておられる（五四頁）。

この節の最後に先生は、ここで言う可逆性と不可逆性の関係は、不可逆性七〇％を可逆性三〇％で補うというような同一面上の相補的関係ではなく、不可逆面が一〇〇％なら同時に可逆面も一〇〇％、一を他に還元できないかたちで矛盾相即的に一なのであって、「不可逆即可逆・可逆即不可逆」の関係をなしていることを強調しておられる（五五頁）。

V「第四章『絶対可逆論（阿部説）』のキリスト教への挑戦」

一　阿部正雄氏の不可逆観

阿部氏は禅の立場からキリスト教を非常に誠実に研究し、仏教との対比において互いに同じ要素が存在し、キリスト教にも神と人間との高次の可逆性があり、仏教にも前後関係を逆にできない高次の不可逆性が含まれていることを認める。しかし、究極の根底においてキリスト教は不可逆である、と仏教との違いを主張される。阿部氏の言葉によると、「大乗仏教が、生死即涅槃、煩悩即菩提といい、［…］禅が正偏回互、賓主互換［…］というのも、決して単に無差別的な平等を意味するのではなく、むしろそれぞれの価値的差別とその不可逆性の徹底的自覚を通して、それら価値的区別〈とその不可逆性〉をその根源に向かって超越したところに自覚されている、差別即平等、平等即差別の極めてダイナミックな可逆的立場である」(30)。つまり阿部氏の立場は、究極の根底においては絶対可逆論であり、その立場からすれば、不可逆的契機はいかに高次のものであっても、抽象的で対象論理的性格を免れてはいない、ということである。

阿部氏が、「絶対可逆」をキリスト教に認めない理由について、先生は次の二点を挙げておられる。第一、氏が無相の自己を自覚する契機となったのは、禅学者の久松真一氏との相互参究であり、キリスト教的啓示体験ではなかった。第二、阿部氏には、浄土真宗的な決定の信が崩壊してニヒリズムに陥った体験があり、キリスト教にもニヒリズムが潜んでいて、それは不可逆性の幻想に基づくものであると見ている。

二　仏教とキリスト教の共通性と異質性

阿部氏は、超越者と自己の関係について、次の三つの側面を指摘しておられる。

第一の側面は異質性（不一不即）である。阿部氏はキリスト教にも仏教にも、超越者と自己・救い主と救われる者・仏と衆生との間には、明らかに異質性があると言う。[31]従ってそこには明らかに非連続性、不可逆性が存在することを認めている。[32]

第二の側面は一体性（不二不離）である。阿部氏によると、「キリスト教においても、パウロの『最早我生けるにあらず、キリスト我が内にありて生けるなり』（ガラテア二・一九）という言葉に示されているように、ここではパウロとキリストは、相離れた二ではなく一体である」。[33]超越者と自己との一体性、可逆性が認められている。

キリスト教や浄土教においては第一の側面が、浄土教以外の仏教や神秘主義的キリスト教においては第二の側面がより深く自覚されるが、キリスト教にも仏教にもこの二つの側面が共に含まれている。これが両宗教の共通性である。

第三の側面として、阿部氏は前項の共通点を前提とした上で、両宗教の根底における質的相違点について言及する。阿部氏は、「イエスは我々の自己と、如何に信仰の名において不一不二の関係にあるといっても、神の子キリストとして、われわれの自己とイエス・キリスト間には逆転することの許されない不可逆的な関係がある。〔…〕これに対して縁起の法に立脚する仏教は、もともと唯一絶対の神を認めない」(34)と言われる。仏教ではそれ自体が自存するような永遠なるものは(たとえそれが仏として自覚されている場合であっても)妄想として否定される。そこに自覚されるのは、絶対と相対、永遠と時間、仏と衆生が分かれる前の即そのものである。

阿部氏はこの絶対可逆論から、滝沢氏の「不可分・不可同・不可逆」という神人関係を「無明の一所産」として斥け、氏の立場から論を進めていくと、結局、仏教がキリスト教を包むのであると言われる。

三　「仏教はキリスト教を包む」か?

これは、禅的絶対可逆論の立場からのキリスト教への挑戦である。先生は、「阿部氏の挑戦は、現代日本のキリスト教学徒に対するキリスト御自身からの問いかけを、ある意味で強烈に代弁しているように感じられる」(六五頁)と、阿部氏の姿勢を評価している。

一方で、阿部説そのものに対して次のように疑問を呈する。

第一に、阿部氏が批判の対象としているキリスト教は、神が先で被造物が後でなければならないというように自覚されているキリスト教「深くプロテスタント的、より端的にはキルケゴール的」（六六頁）であって、カトリック神秘主義や否定神学は視野に入っていない。

第二に、仏教とキリスト教に共通にみられる異質性と一体性の側面（異同は量的相対的相違の次元で捉えられている）と両宗教の究極の根底における異質性（質的絶対的相違）とは、明確に区別できるのか。氏のいわゆる量的相違と質的相違は「相互依存的縁起的」関係として再把握される可能性があるのではないだろうか。

もし阿部氏が、カトリック神秘主義思想・観想・否定神学などを踏まえた上で、仏教がキリスト教を包みうると主張するのであれば、「否定神学的無もまた、禅的無によって克服されるべき段階に過ぎない」（六七頁）と言えるのかもしれない。

四　否定神学的無と仏教的無

西洋の神学の主流は合理的神学であるが、その傍流として否定神学がある。否定神学とは、神について「〜である」というように肯定的に述語するのではなく、そのように表現することによって人間のエゴを神にかぶせることを避けるために、「〜ではない」と否定して神の概念に迫ろうとする道である。ドイツの神秘主義哲学者で否定神学者として知られるニコラウス・クザーヌス（一四〇一—一六四）は、神を「反対の一致」として捉えている。その著書『隠れたる神』の中に、「神は名づけられるものではなく、名づけられないものでもない。また名づけられるとともに名づけられないというのでもない（Quod neque neque non nominatur, neque nominatur et non nominatur...）」[35]

と、まるで禅問答のような表現がある。クザーヌスの否定神学的無は、体験の内容や論理において仏教的無と異なるのであろうか。この点について本多先生は、カトリックの観想家トマス・マートンの次の言葉を紹介している。「否定神学的無と仏教的無とは、究極的には同一の世界である。キリスト教的神秘主義の最高の形態の中では、経験的自我は全く消滅しており、したがって仏教的空と十字架の聖ヨハネの神秘的な夜との相違は、単に神学上のものにすぎない」（六九頁）。

しかし、京都学派に属する山本清幸氏は、「否定神学的無と仏教的無とは、全くその根を異にするものである」[36]と批判している。この議論は筆者には難解すぎてこれ以上入っていけないが、先生ご自身は、この点に関して「私には回心の事実の絶対無的世界の共通性を否定することはできないように思われる」（七〇頁）と、マートンに近い見解を示しておられる。先生によると、キリスト教はその固有の論理を持たなかったがゆえに、彼らの超越体験の表現は、対象論理を媒介せざるを得なかった。だから、神秘家たちは多くを語らず、その神秘体験を口ごもるかのように告白してきたのである。

さらに先生は、一四世紀の匿名のカトリック神秘家の著書『不可知の雲』（*The Cloud of Unknowing*）の中の「神の愛にせかされつつ、ひたすら無を行ずべし（Go on doing this no-thing, and do it for the love of God）」[37]という言葉を紹介される。この言葉によって著者は、われわれが神自身に出会うために、神についての哲学的神学的諸概念からも、福音書の情景にもとづく黙想からも離脱すべきことを、われわれに勧めているのである。

Ⅵ「第五章『可逆即不可逆』の提唱」

一　三一神の内的構造

先生は、キリスト教的神の本質の内的構造に見られる場所的性格について言及される。

阿部氏の「キリスト教の神の本質としての、父なる神が御子を生むということに見られる永遠の次元における不可逆性は、［…］原理的には、仏教の縁起・空の可逆性に含まれている時間の可逆性を含みえないのではないか」[38]という主張に対して、①永遠の次元に可逆性と不可逆性の対立はあるのか、②永遠の次元における不可逆性と時間的次元における可逆性を単純に比較できるのか、③「彼の如来の世に出ずるも出ざるも、法界常住なり」という雑阿含経の言葉には、釈尊においてすら超越者と自己との関係における不可逆性が認められるのではないか、の三点の疑問を呈しておられ、神の内的本質に関しては、次のように述べられる。

キリスト教の重要な教義の一つである三位一体論は、ネオ・プラトニズム発出論の影響を受けている限りでは、「父→子→聖霊」（東方教会）または「父と子→聖霊」（カトリック）というように不可逆的発出をなしているが、三位一体が文字通り一体で共永遠（co-aeternum）である限りでは、必ずしも一方的な不可逆の関係として考える必然性はない。たしかに父は子の成立の根拠であり、その関係は不可逆であるが、同時に「わたしと父とは一つ」（ヨハネ一〇・三〇）であり、父は子あっての父であるから子が父の成立根拠でもある。父と子の不可逆性と可逆性は、同時的相互因果の関係にある。三一神の内的関係もあらゆる世界の関係の論理を表現するものである（七四―七五頁参照）。

二　友の論理

先生は、「可逆即不可逆という世界の論理構造は、イエスの弟子に対する次の言葉『もはや私はあなたがたを僕（下僕）とは呼ばない。あなた方を友と呼ぶ』（ヨハネ一五・一五）に、実に簡潔に表現されていると思う。［…］私の『可逆即不可逆』論の基調をなすキーワードは、われわれに対する『友よ』というイエスの呼びかけなのである」（七七頁）と言われる。

イエスが神の子なら、われわれは「神の子の友よ」と呼ばれているということである。神の子と人の子が二元対立的に捉えられるのではなく、不一不二ならば、われわれも本来神の子であり、「罪の子」本来「神の子」という立場もありうる。しかし、そこには同時に神の子が先で罪の子が後だという不可逆性もある。

カントが定言命法で、友としての人格を互いに常に同時に目的として扱い、単に手段としてのみ扱ってはならないと言ったように、友とは、互いに（可逆）相手を目的として（不可逆）仕え合う関係である。

三　異同の分別を超えて

絶対の分離（不一・不可逆）と絶対の結合（不二・可逆）とは、信仰（超越者と自己の関係自覚）という「心霊上の事実」においては、どこまでも「不可逆即可逆・可逆即不可逆」である（七九頁）。

これが本書に示された先生の結論であるが、論理的構造の言表においてだけではなく、ここでは仏教とキリスト教との異同の分別も超えられていなければならないとして、先生は、両宗教の間の強調点の相違を、アレかコレか（絶対可逆か絶対不可逆か）のいずれかに断定するのではなく、可逆面と不可逆面との隠顕倶成の関係として捉えられる。「隠顕倶成」とは、華厳経に見られる概念で、一つのものや現象に内在する二つの面が、ある状況において一つの面が顕われているとき、もう一方の面は隠れているということである。先生はこのことを、光の持つ二つの性質（粒子性と波動性）の例で説明される。粒子はどこまでも粒子であり、粒子はどこまでも波動ではない。しかし、観測のモデルの変化によって、同じ光があるときは粒子として、あるときは波動として現象する。

本多先生の「可逆即不可逆」という命題は、先生の体験と思索の全結集であり、先生は、これが「新約の論理」（四五頁）であると言われる。キリスト教の日本の精神文化への受肉（土着化）について考察する上で、本多先生が模索してこられた「場所的論理」や「即の論理」によるキリスト教神学の再解釈と井上神父の「福音的キリスト教への回帰」の視点との切込み方の相違を超えて、『新約聖書』の福音的キリスト教に収斂してゆく共通の取り組みを見ることができる。

Ⅶ 「終章――若干の補筆」

一 「可逆即不可逆」説へのコメント

先生の「可逆即不可逆」の提唱に対して、上田閑照氏や八木誠一氏は賛同を表明された。滝沢氏と阿部氏の主張は微妙である。滝沢氏は「絶対可逆性」を認めないが、先生によると、絶対可逆性も不可逆性に隠顕倶成的に存在している。この点は滝沢説と先生の主張との根本的相違点である。阿部氏のいう可逆と不可逆の相即を成り立たせる絶対無的根拠は「絶対可逆」ではなく、「絶対可逆即絶対不可逆」、その「即」の世界である。

二　「絶対」の意味と、絶対論の要素還元主義

「絶対不可逆」という場合、可逆性も不可逆性の相の下に隠されて生きていると見ることが仏教本来の立場、道元が「一方を証するとき、一方は昏し」（『正法眼蔵』「現成公案」）という隠顕倶成の立場である。先生は、滝沢氏の「絶対不可逆論」も阿部氏の「絶対可逆論」も、そのような発想には一つの隠れた共通の前提がある、それは、可逆と不可逆は矛盾概念であるにもかかわらず、究極の根底においては、一を他に解消できるという要素還元主義的発想であると言われる（八四頁）。

三　場所的即（非）の論理と社会的行動の論理

本多哲学の核心をなす「即の論理」が、哲学界・神学界で広く理解されているかということになると、残念ながら必ずしもそうであるとは言えない。

国内外の学会で先生が度々耳にされたのは、場所的論理（即の論理）に基づく宗教的世界観から、社会的倫理的実践の論理が出てこないという批判であった。先生はこのような批判に対して、「自ら場所的即（非）の立場に立って哲学することを本気で試みたことのない人々の批判は、決して内在的批判ではなく、多分に傍観者的な超越的批判に過ぎない」（八六頁）と言われる。先生はより

端的に「真の社会的実践の論理も場所的即（非）の宗教的論理から自然法爾的に出て来る以外にはない」（同頁）と言われる。

先生が「地にいます母なる神」と「キリスト教神学への新しい道としての即の論理」を発表された二つの学会では、第一の発表については、女性解放論者の立場からのコメント、第二の発表の最初の四分の一には熱狂的に共鳴が表明されたものの、残り四分の三には解放の神学の立場からの質疑であって、発題内容に即したレスポンスではなく、先生の中心的テーマからすると外的周縁的なものであった、と無念な思いを吐露しておられる（同頁）。

先生は、「私は西田の場所的論理に秘められている大いなる『悲願』に触れることなくして、これに社会的意識がないとか論理的欠陥者などという安易な超越的批判を聞く度に、内心、悲哀と困惑を禁じ難いのである」（八八―八九頁）と言われる。

このような「自己をはこぶ」姿勢に対して、どう応じるべきか。釈尊は十四の詰問に対して、イエスもピラトの「真理とは何か」の問いに、無記（沈黙）の姿勢で応じた。

先生は最後に、ご自身の弁解として次の一言を示される。「万事が万人に可能なるに非ず」（八九頁）。この言葉に、先生の学者としての悲哀と、「即の論理」を探求する私たちへの戒めと励ましが込められている。

注

（1）本多正昭『比較思想序説』（法律文化社、一九七九年）、一二八―一四二頁参照。

（2）Radhakrishnan. "East and West in Religion, London" 1949, pp..21-27 参照。引用文中の〈 〉は本多先生の挿入。
（3）第二バチカン公会議『現代世界憲章』（オリエンス宗教研究所、一九六七年）、第五十八条。
（4）『キリスト教以外の諸宗教に対する教会の態度に対する宣言』（中央出版社、一九六一年）、第二条。
（5）カトリック新聞（中央出版社、一九七九年二月四日号）。
（6）同右。
（7）R. C. Zaehner. *The Comparison of Religion: Religion East and West*. Beacon Press, 1992, pp.165-166.〈 〉は本多先生の挿入。
（8）本多正昭『キリスト教と仏教の接点』（行路社、二〇〇七年）、一〇頁。
（9）同書、一一頁。
（10）B. Mondin, *The Principle of Academy in Protestant and Catholic Theology*, Martinus Nijhoff / The Hague, 1968, pp.167-168（K. Barth, *Church Dogmatics*, 1/1 p.x.）.
（11）本多 前掲書、一一頁
（12）朝日新聞二〇〇一年六月一一日夕刊、投稿文「み国の来たらんことを」。
（13）玉城康四郎氏によると、ダンマ・如来とは、形なき「いのち」そのものであり、言葉をこえた純粋生命である（「盤珪と私」より）。
（14）前掲新聞 投稿文。
（15）小野寺功『絶対弁証法批判』（清泉女子大学『紀要二四』、一九七六年）、四八頁。
（16）Thomas Aquinas, S. th. I, q.13. a.7. c.
（17）西田幾多郎「場所的論理と宗教的世界観」（『哲学論文集・第七』岩波書店、一九四六年）、一四七頁。

(18) Augustinus. *Confessiones*. XII, 14, 17.
(19) 一コリント一三章一二節。
(20) 一九九四年「人間研究会」での講義より(佐藤泰彦『研究ノート 不知の雲』、六七頁)。
(21) 西田 前掲書、一七四頁。
(22) 八木誠一・阿部正雄・秋月龍珉・本多正昭共著『仏教とキリスト教——滝沢克己との対話を求めて』(三一書房、一九八一年)、二四頁。
(23) 同書、一六頁。
(24) 禅で生半可な悟りという意味に用いられる言葉。
(25) 同書、二三頁。
(26) 滝沢克己『あなたはどこにいるのか——実人生の基盤と宗教』(三一書房、一九八三年)、一六九頁。
(27) Meister Eckhart, *Die deutschen Werke*, Bd. 2, Hrsg : Josef Quint, W. Kohlhammet Verlag, Stuttgart, 1988, S. 227 f. bzw. S. 504.
(28) 滝沢 前掲書、一〇九頁。
(29) 一九九四年「人間研究会」での講義より(佐藤泰彦『研究ノート 不知の雲』、一三八頁)。
(30) 八木・阿部・秋月・本多 前掲書、六八頁。
(31) 同書、六一頁参照。
(32) 同書、六二頁参照。
(33) 同書、六二頁。
(34) 同書、一三九—一四〇頁。
(35) Nicolai de Cusa, *Opera Omnia*, Issu et Auctoritate Academiae Litterarum Heidelbergensis ad

Codicum Fidem Edita, IV Opuscula I Edit Paulus Wilpert, Hemburgi in Adedibus Felicis Meiner, 1959, De Deo abscondito, p.10, cf.p.8.

（36）山本清幸『道元禅の省察』（平楽寺書店、一九七〇年、序説1）、一一―一三頁参照。

（37）Penguin Classics, *The Cloud of Unknowing*, 1961, c.68 p.134.

（38）『理想』（一九七八年九月号）、一九三頁。

第四章　『キリスト教と仏教の接点』を読む

吉田眞一

はじめに

本章では、本多正昭先生が両宗教の相互理解の観点から折りにふれ書き下ろされた、比較的分量の小さな文章を集めた『キリスト教と仏教の接点』（行路社、二〇〇七年）を扱う。本章の担当者は、先生の産業医科大学でのかつての同僚であり、細菌学を専門とする医師である。青年時代から仏教思想に関心を寄せていたが、先生と出会って「即」の論理を学び、また先生を通じて仏教哲学者である中山延二博士の著書を紐解くことにより、いっそう仏教への研究心が高まった。ただし筆者はキリスト者でも宗教哲学の専門家でもなく、あくまで科学者であるので、同書については十分な理解には及びがたい。

それゆえ本章では、筆者の目で見て、読者に是非知っておいて欲しいと思う、本多先生が覚醒された時を描いた「序」を取り上げ、その全文を掲げた上で簡単に逐語的な解説を行いたい。ここで本多先生はご自身の深い体験を記しておられ、筆者もささやかながら共感ができたので、その内面的な足跡を辿りたいと思ったのである。またその他の小論については、個々の問題点を読者に提示することで責任を果たさせていただきたいと思う。「(…頁)」は本書の頁数を示す。

なお本書の構成は次のとおりである。

I「序　二つの出会い――イエスと、朝顔と」

ここで先生が語るのは、二つの内心の体験である。その一つは二十歳の時の本家で起こった自然との出会いによる回心体験、もう一つは産業医科大学の教授室での朝顔との出会いによる回心体験である。

このエッセイ風の小論を読みながら、筆者には先生の肉声が届いてくるような気がした。そこで、先生の一字一句を写経のように写しながらその回心を追体験したいという思いが湧いてきた。それで試みとして、序の原文全体を長いが引用し、それに対する筆者の応答をそれに続けるという手法をとってみた。本多先生の言葉に親しみつつ理解するにはこの方法しかないと思われたからである。

序　二つの出会い――イエスと、朝顔と

咲き誇る朝顔のそばを通っても、見れども見えず。私の魂は、自然よりも人生の問題に悩み疲れて、ゲオルギューの『二十五時』という滅法の闇に閉ざされていた。なんとかこの闇から解放されたいものと、故郷の自然に戻ってきても、慰められたいという意識のみが空回りして、魂の病いは少しも癒されることがなかった。やはり魂の世界と自然の世界は、まったく次元の異なる世界なのか。その心の孤絶感は、終戦の直前、十六で父を失ってから八年間、イエスに出会う日まで、まったく消え去ることはなかった。

イエスとの出会いはどうして起こったのだろう。……「兄弟を愛せざるもの、神の国に入るあたわず」。この一言が、キリスト教に無関心、というより反発すら感じるようになっていた青年期の私の心に、棘のように突き刺さって離れなかった。それは十七～十八歳の頃からである。「人生いかに生きるか」、これだけが焦眉の課題で、なんの解決も見いだせなかった。本家を継いだ長男の責任もまるで果たしえないまま、いたずらに家族を犠牲にして、むなしく真理の探求にしがみついていた。その心に、棘のように突き刺さって離れなかったのが、このイエスの一言であった。

といっても、聖書を本気で学ぶ気になっていたわけではない。たまに教会で牧師や神父の話を聞くことがあっても、朝顔の花よりも、なんだか理屈っぽくてむなしく思えた。アダムとイブの物語など、自分の実存の悩みに応えるものをなにも感じえなかった。教会に高級車で乗りつけるブルジョア風の信者を見ると、あれでもクリスチャンかと解しかねていた。そんなふうで、二十四歳のあのときまでは、私は反キリストのニヒリストだったのである。

まさに、そのようなときであった。自分にとってまったく謎となった私の魂の深層を、的確に見透していた哲学者がいた。故・田辺重三先生である。先生は五十を過ぎて、劇的な回心を遂げてクリスチャンとなられた方である。「本多君には言葉がないね」。この哲学者の一言が、絶望で傲慢に膨れ上がっていた私の魂に、頂門の一針となったのである。膿みが、ほとばしり、「大いなる時」が来たことを予感しながら、再び私は、引きつけられるように故郷の自然に隠れた。離れに一人籠もって、アウグスティヌスの『告白録』の中に、私は自己自身を見いだしていった。すると、間もなく魂の陣痛が始まり、そこから神が、そして同時に真の自己自身が、生まれた。それはもう、どう拒んでも疑っても、拒めず疑いえぬ、絶対の現実であった。そのとき、地の表も新たになった。柿の葉から滴り落ちる雨のしずくに、日ざしが照り映えていた。一滴、一滴に神が宿っていた。一つ一つが、恩寵のしずくだった。初めて、私は油絵の道具を買った。一枚の板に三日がかりで田園風景を描いた。自然は、もはやもとの自然ではなかった。私とともに、自然も蘇ったのだ。魂と自然との忌まわしい分離の壁は、消えた。否、もともと、そんな壁はなかったのである。実在である神の中で、一切のものが、無心に生き生きと充実していた。如実の世界があるのみであった。

それから三十年後。私は、まるでなんでもないような、しかし思えば意味深長な、一つの純粋経験に恵まれた。朝顔との出会いである。ある日、産業医科大学の生物学教室の女子職員が、殺風景な私の部屋に、朝顔の鉢を二つ持ってきてくれたのである。花が咲くのは、まだまだ先のようであったが、ともかく研究室で生き物と同居するようになったのは、それが初めてのことだった。毎日、水をやった。蔓は、なんと一日に十五センチ以上も伸びる。いのちというもの。生きるということ。植物も、そうなんだ。人生五十も過ぎた男が、なんでもない自然の現象に、心から感動することを知ったのである。ある週末、出張かなにかで研究室に入らなかった。月曜日は、いつものように、構内の和室で学生有志と坐禅をして、それから八階の自分の部屋に向かった。とくに差し迫った用件もなく、さわやかな無心の状態で、ドアを開けた。その刹那であった。窓際の朝顔が、まるで私を待ち受けていたかのように、深紅したたる花びらを満開にして、すっと「私自身」に入りこんだ。それは、眺める意識直前の出来事であった。一瞬、「花が私か、私が花か」と、私は思った。見るものと見られるものが二つに分かれる直前、二つは一如であったのだ。二つがまず有って、それがたまたま一つになったというのが出会いなら、これは「出会い以前の出会い」とでもいうほかはない。珍しくも私は、花と自分がすでに「二つで一つ、一つで二つ」という関係に入っていたわけであるが、この一体感（不一不二）の中では、誰がそばに来ても、その人と一体性を感じたことであろう。だが、そのときは誰にも会わなかった。その代わり、「ああ、今なら死ねる」と思ったのである。実に安らかに、そう思った。死が、怖くない。生と死の一体感によって、生死の壁も消えていたのであろう。一つの純粋経験は、ほかのすべての対立からの解放をもたらすのではなかろうか。三十年前に洗礼を受けたときにも、「今なら死んでもいいな」と感じたことを思い出した。しかしこのたびは、さりげなく、いとも自然に、それが訪れた。自然との出会いは、神との、また新しいタイプの出会いでもあったように思うのである。いささか理屈っぽくなるが、イエスを通しての「人格を生かす神との出会い」も、朝顔を通しての「自然を在らしめる神との出会い」も、それ自体は「語れず、拒めず、消えず」という三つの特徴を共有しているように思われるからである。

平成七（一九九五）年十二月六日記す
（『キリスト教と仏教の接点』、五―八頁）

【逐語的解説】

「咲き誇る朝顔のそばを通っても、見れども見えず」

「序」の出だしである。二十四歳の先生は回心前の心境をこう告白される。意識が何かに囚われているときは大事なことも「見れども見えず、聞けども聞こえず」であるが、先生はどんなことに囚われておられたのであろうか。

「私の魂は、自然よりも人生の問題に悩み疲れて」

人生問題である。自然現象の不思議さなどではなかった。

「ゲオルギューの『二十五時』という滅法の闇に閉ざされていた」

コンスタン・ヴィルジル・ゲオルギュー（Constantin Virgil Gheorghiu, 1916-1992）はルーマニア生まれの小説家。代表作の『二十五時』は一九六七年に映画化された。「二十五時」とは一日が終わる二十四時から一時間後の二十五時であろうか、それとも新しい一日が始まる零時から一時間の二十五時であろうか、微妙な表現である。「滅法」とは仏教語で、ひどく道理に外れていることを意味する（「広辞苑」）。

「なんとかこの闇から解放されたいものと」

仏教では無明は魂の闇の表現でもある。

「故郷の自然に戻ってきても」

故郷の自然が何とかしてくれると期待するのは、当然の心の動きであろう。

「慰められたいという意識のみが空回りして」

慰められたいという意識は慰められるまで空回りを続けるであろう。筆者の経験からすると、感傷的になると魂は堂々めぐりの空回りを始める。

「魂の病いは少しも癒されることがなかった」

魂の病いとはいかなる症状であっただろうか。このままでは病んだ魂は空回りを続けるであろう。

「やはり魂の世界と自然の世界は、まったく次元の異なる世界なのか」

筆者は全く次元が異なるとは思わない。シェリングは「自然は目に見える精神であり、精神は目に見えない自然である」（『自然哲学についての思考』）としている。先生に、シェリングの自然哲学からの解決は試みられたのですかと訊ねたいが、今や不可能である。

「その心の孤絶感は、終戦の直前、十六で父を失ってから八年間、イエスに出会う日まで、まったく消え去ることはなかった」

「孤絶感」という言葉は強烈である。孤独、絶望、病んだ魂等々。

「イエスとの出会いはどうして起こったのだろう。……『兄弟を愛せざるもの、神の国に入るあたわず』。この一言が、キリスト教に無関心、というより反発すら感じるようになっていた青年期の私の心に、棘のように突き刺さって離れなかった」

「こころをばこころのあだとこころえてこころなきをばこころとはせよ」。この歌は『科学の剃髪』の著者である山下英吉氏の作であるが、「こころ」が五回使われている。このうち「意識」と置き換えられる「こころ」はどの「こころ」であろうか。鍵は「意識は心の棘である」であろう。

「それは十七～十八歳の頃からである」

筆者も十七歳の時、自分の人生を方向づける、禅宗の方丈（和尚）と出会った経験がある。

「『人生いかに生きるか』、これだけが焦眉の課題で、なんの解決も見いだせなかった」

優れた人格者の方丈と出会えて筆者は幸運であった。筆者の父が次男であったために、父の自由な生き方を阻害することがなかった。ただし経済的には苦しかったと想像する。運がよかった。

「本家を継いだ長男の責任もまるで果たしえないまま」

「家の制度」が機能している時代、長男の生き方は難しかったであろうと同情する。

「いたずらに家族を犠牲にして、むなしき真理の探究にしがみついていた」

家族に芸術家や真理探究型の人間がいると、家族はしばしば犠牲になるが、その意味で先生は家族に迷惑をかけたのであろう。

「たまに教会で牧師や神父の話を聞くことがあっても、朝顔の花よりも、なんだか理屈っぽくてむなしく思えた」

真理を真剣に求める求道者は理屈っぽい話に感動しないものであろう。

「アダムとイブの物語など、自分の実存の悩みに応えるものをなにも感じえなかった」

求道者は自分の実存にビンビンと響く話を求めている。それ以外は面白くないのであろう。

「まさに、そのようなときであった」

カイロス（時熟的時間）とクロノス（物理的時間）が交差したのであろうか。

「自分にとってまったく謎となった私の魂の深層を、的確に見透していた哲学者がいた」

捨てる神あれば拾う神あり、である。田辺先生は大学院生の本多先生の指導教官であった。

「『本多君には言葉がないね』。この哲学者の一言が、絶望で傲慢に膨れ上がっていた私の魂に、頂門の一針となったのである」

頂門の一針とは、頭に一本の針をさすように、ヒトの急所をおさえて戒めを加えることである（「広辞苑」）。

「膿みが、ほとばしり、『大いなる時』が来たことを予感しながら」

膿みがほとばしり、とは凄い表現である。体中膿みだらけのイメージを喚起する。

「再び私は、引きつけられるように故郷の自然に隠れた」

先生は、新しい人間の誕生をはっきり予感されたのであろう。

「すると、間もなく魂の陣痛が始まり、そこから神が、そして同時に真の自己自身が、生まれた」

魂の陣痛とは魂のどんな痛みなのであろうか。神と真の自己自身との同時誕生とは何とめでたいことであろうか。

「それはもう、どう拒んでも疑っても、拒めず疑いえぬ、絶対の現実であった」

これ以上はっきりしたものはないという確信である。これまでの不安や疑問が一気に消え、脱落したのであろう。

「そのとき、地の表も新たになった」

風景が一変した。山これ山／山これ山に非ず／そして山これ山、である。

「一滴、一滴に神が宿っていた。一つ一つが、恩寵のしずくだった」

道元禅師の『正法眼蔵』「現成公案」の一節を想起する。「人の悟をうる、水に月のやどるが如し、月濡れず、水やぶれず、ひろくおおきなる光にてあれど、尺寸の水にやどり、全月も彌天もくさの露にもやどり、一滴の水にもやどる」。これは万有内在神論（panentheism）と読める。

「初めて、私は油絵の道具を買った。一枚の板に三日がかりで田園風景を描いた」

主客合一の現実を絵に残したくなられたのであろうか。

「魂と自然との忌まわしい分離の壁は、消えた。否、もともと、そんな壁はなかったのである」

壁は人間の幻想、妄想である。

「実在である神の中で、一切のものが、無心に生き生きと充実していた。如実の世界があるのみであった」

如実は仏教用語で「真実のとおり」であることを意味する。

「ある日、産業医科大学の生物学教室の女子職員が、殺風景な私の部屋に、朝顔の鉢を二つ持ってきてくれたのである」

当時、産業医科大学の各教室には教務職員といって、微生物学教室には、食物科出身の職員と、山口大学農学部出身の二名の教務職員が所属していた。本多先生に朝顔の花を持ってきたのは生物学教室所属の職員だったであろう。

「蔓は、なんと一日に十五センチ以上も伸びる」

「朝顔やあてありそうにのびる蔓」（正岡子規）を思わせる。

「いのちというもの。生きるということ。植物も、そうなんだ」

若い時に気がつく方がよいが、人生晩年になってからでも遅くはないであろう。

「ある週末、出張かなにかで研究室に入らなかった」

先生は「哲学」担当で実験系ではなかったから、細胞や実験動物を扱うこともなく、自由な時間が保証されていた。

「月曜日は、いつものように、構内の和室で学生有志と坐禅をして、それから八階の自分の部屋に向かった」

筆者（吉田）も先生の指導を仰いで朝の講義前の坐禅会に参加していたが、つねに十名ほどの学生が来ていた。

「窓際の朝顔が、まるで私を待ち受けていたかのように、深紅したたる花びらを満開にして、すっと『私自身』に入りこんだ。それは眺める意識直前の出来事であった。一瞬、『花が私か、私が花か』と、私は思った。見るものと見られるものが二つに分かれる直前、二つは一如であったのだ。二つがまず有って、それがたまたま一つになったというのが出会いなら、これは『出会い以前の出会い』とでもいうほかはない」

「出会い以前の出会い」は時間的に見て、どれくらい続いたのであろうか。

「実に安らかに、そう思った。死が、怖くない。生と死の一体感によって、生死の壁も消えていたのであろう。一つの純粋経験は、ほかのすべての対立からの解放をもたらすのではなかろうか」

そうあってほしいものである。

「三十年前に洗礼を受けたときにも、『今なら死んでもいいな』と感じたことを思い出した」

三十年前の洗礼時の恍惚感と、朝顔との一体感による恍惚感を比較する。

「しかしこのたびは、さりげなく、いとも自然に、それが訪れた」

五十歳過ぎてからますます成熟を示す新しい人間の誕生である。

「自然との出会いは、神との、また新しいタイプの出会いでもあったように思うのである」

新しいタイプの出会いが新しい智慧を人類にもたらすといえよう。

「いささか理屈っぽくなるが」

先生は遠慮して書いておられるが、「神との一致」ではなく「神との出会い」と表現されているところに、この出会いの体験が人類にとっての普遍的な智慧となるのだ、と筆者は信じる。

「イエスを通しての『人格を生かす神との出会い』も、朝顔を通しての『自然を在らしめる神との出会い』も、それ自体は『語れず、拒めず、消えず』という三つの特徴を共有しているように思われるからである」

「出会い」それ自体が「語れず、拒めず、消えず」という特徴を有していると書けるところに、筆者は先生の思想のわかりやすさ、教師としての優しさ、人間としての成熟を感じる。

Ⅱ　本多先生の思想的立場

（1）先生は、公案とか悟りとか独参などにあまり気を取られることは、却って坐禅の妨げになると考えておられた。ひたすら禅のために禅をする、そのことが取りも直さず言葉なき祈りであり、信仰の純粋な糧でもあると思っていた、と表白しておられる。禅は、本多先生の内面でカトリックの信仰と深く結びつき、信仰に付着してきたさまざまの既成概念を少しずつ洗い落として、そこから新しい言葉、新しい表現形態を生み出してゆく貴重な場になったようである（六九頁参照）。

（2）「始覚なき本覚は空虚であり、本覚なき始覚は盲目である」（本多正昭先生のことば）

（3）生と滅とは世俗の世界に於いては明らかに矛盾するが、勝義の世界（勝義諦）に於いては矛盾しないのみか、却って相即する。生と滅はどのように相即しているか。AとBは相即する、AとBは相即の関係であるなどといわれるが、相即するとはどういうことであろうか。本書第七章「森の塾」の注においてこう説明されている。「われわれの意識に先立つ根源的な事実の世界は、意識にとっては逆のものが結びついているような世界であり、分離即結合、二つそのままで一つ（不一不二）という気づき（直観的自覚）の論理に貫かれている。これをわれわれは『即または相即の立場』と呼ぶ」（八六頁）。矛盾するもの、逆のものの関係は、「異にして分かつべからず、一にして同ずべからず」という条件を満たす。西田幾多郎はこの論理を「矛盾的自己同一」と呼んだ。中山延二博士は「分離即結合」、本多先生は「二つそのままで一つ」といい、何れも場所的論理を継承展開する立場である。

Ⅲ　本多先生の問題提起

（1）今日、心と体、宗教と科学、東洋思想と西洋思想といった対立する世界を更なる深みから包み込んでゆく新しい視点をどうしても必要としている。

（2）心と体の出会いについては、九州大学の故・池見酉次郎名誉教授が「真の健康への道と、人間が真の自己になる道、さらに真の宗教的世界への道はまったく一つであって、それは自己自身についての、全人間的、・全宇宙的な気づきを原理としている」と言われたことを重視すべきである。

（3）三つ目は東西宗教の出会いである。男性は男性ホルモンは勿論であるが、女性ホルモンも作る。女性はその逆で男性ホルモンも作る。父性愛と母性愛とは絶対無の中に不一不異的に含まれている二つの契機をそれぞれ分節的に反映したものということができる（三三頁）。

（4）存在の不可逆性は真の自由となる（これは、ひじ反対側には曲がらずといった必然性のもとにおける自由のことか、それとも可逆即不可逆から出てくる言葉であろうか）。本多先生は不可逆を、可逆と不可逆を包む言葉として理解している。

Ⅳ『キリスト教と仏教の接点』の各章の課題

１「キリスト教から仏教を」
キリスト教が仏教から学ぶことはあるかと問われる。キリスト教が日本の風土に真に受容されるには、キリスト教信仰はどうしてもこの民族的地下水と合流しなければならないと考えられている。さらに、相即論理の立場から、キリスト教世界を再解釈し再表現するのが課題であるとされる。

２「宇宙的啓示ということ」
キリスト教の救いの歴史の中で、仏教はどんな意味をもつのか？　キリスト者が絶対的な価値を認める神の啓示は、いかなる意味においても存在しないのか？　宇宙的啓示の体験は日本にもある。中国禅でも、例えば香厳の撃竹による聞声悟道、霊雲の見色明心に見られる。禅者の悟りが聖書的啓示の体験と相容れられない以上、そこに別種の神の啓示が考えられねばならない。

３「アジア司教連盟（ＦＡＢＣ）第２回総会・印象記」
この会議は一九七八年一一月にカルカッタで開催されたものである。席上トマス・マートンは、「禅は特別の啓示とか神秘的な光をわがものにしているなど主張しないけれども、それは確かに名状しがたい自由・愛・恩恵の啓示と一致している」と明言した。

4「人間はどこまで自由か――西田哲学の一命題をめぐって」

先生は帰国以来、信仰の知的表現の新しい媒介を求めてさまよった。そして出会ったのが道元、親鸞、西田哲学であった。さらに中山延二氏に参師聞法された。

先生は、仏教論理や西田哲学を媒介としてキリスト教的世界観を再構築しようとした人間を知らないと語る。キリスト者は「神があって世界がある」は認めるが、「世界があって神がある」は承服できない。先生は、絶対に逆転を許さぬ不可逆性を内に含むような可逆性、そして不可逆性を可逆性を包むものとしての不可逆性として理解する立場、すなわち「内在即超越」、これが本多先生の結論である。そして可逆即不可逆の世界こそ、真の自由の国、人間はその即の国への途上的存在であることを示唆された。こうして存在の不可逆性は真の自由となる。

5「地にいます母なる神への道」

現状のキリスト教では「天にいます父なる神」が主流であり、「地にいます母なる神」は傍流的地位に抑えつけられている。東洋では神的愛の母性的側面のハタラキを発見しているが、キリスト教も「地にいます母なる神」と「父なる神」との相即関係を明らかにすることが期待される。

6「カトリックと禅」

先生には、自分の無意識の中に識られざる仏教徒が住んでいるとの実感があった。そのため、この無意識の仏教徒が、自覚的なキリスト教徒のなかに合流することが自分の信仰の土着化であり、福音宣教の原点であると痛感した。

7「森の塾――総合人間学研究所について」

先生が人文分野から敢えて医学部に飛び込んだのは、次の理由からであった。すなわち、西洋近代の身心二元論に基づく肉体延命一本やりの医療を真の人間医学へと方法論的に改造するには、身心の「相即（同時的相互因果）」の西田の場所的論理を導入するほかに道はない、というひそかな確信であった。

8「近代からポスト・モダンへ」

道元の「生より死へ移るとこころうるは、これあやまりなり」（『正法眼蔵』「生死」）との言明は、もう一つの死生観を忘れている、との我々への警告である。「死から生を見る」という東洋的死生観では、生と死は二つであって一つ・一つであって二つ、紙の表と裏のごとく不一不二なのである。東洋人も近代化した日本人も、ともにこれに目覚める必要がある。その一例として、池見酉次郎氏は、「身心一如」から不一不二の即の論理を自覚されたのである。真実の世界が即の論理で貫かれているのなら、仏教もキリスト教も即の宗教として出会いうるもの、科学や医学も芸術や哲学も本来同様だと見抜けないか。ボーアの相補性は足りないところを補い合うと言うことではなく、粒子と波動がそのままでいわば一枚の紙の裏表の如き関係を為すということである。観測問題でもある。

9「東洋神学の土壌を探る——即の論理の四つの特質をめぐって」

宋の学僧である（天台）知礼は即を解析し、「二物相合」の即と「背面相翻」の即は真の即ではない、「当体全是」の即こそが本来の即であると述べたと、中山延二氏の説明を紹介する。その上で先生は、この「当体全是」の即は、「不一不二」と表現すべきだとする。さらにこの即の特質に関して、それが「隠顕倶成」的な相補性を有していると述べる。それは道元の「一方を証するときは、一方はくらし」（『正法眼蔵』「現成公案」）という言葉に示される、一方が現われているときには他面は裏に隠れているということであり、相互に絶対否定しているということである。

以上、全九章で扱われた命題は何れも、何らかの形で、宗教、哲学、医学、論理や自由の問題と関係していることがわかるが、特に「可逆即不可逆」という先生の最終的立場には、世界的関心が集まるものと予想される。

【1】教育

第五章　『人間とは何か』を読む

定本ゆきこ

はじめに

本書は、本多先生が学生に「哲学」「倫理学」を教えるために授業で使用するテキストとして書かれたものである。「あとがき」に、次のような文章がある。

「私の心にはかねてから、ある一つのヴィジョンが彷彿としていた。それは東洋的な『相即の論理』に基づいて、しかも国際的な『比較思想的観点』から、できるだけ学際的統合的に『人間』を捉え直してゆくこと、そして学生自身の内部に秘められているいわば人間学的要求に応えうるような『手づくりのテキスト』を使用するということであった」（二二六―七頁）。

このような希望に満ちたヴィジョンに引かれながら、学生に教えるように、伝え語りかけるように、本多先生はこの本を著されたのだと思う。教育への情熱と学生への愛をもって、湧き上がる思想と哲学的思索、宗教的インスピレーションを言葉にしておられるのが分かる。書くほどに学生に対する愛と教育への情熱が増し、またそれに刺激されて湧き出てくる言葉を書くという作業ではなかったであろうか。

そして、それは具体的な進路や人間関係、家にまつわる事柄に悩み、形而上学的な問題に迷い苦悩した若き時代のご自分に対する愛おしさにも通じていたとも思う。若き日の自分のように、人生の難問に直面し、苦悩している若者が目の前にいるとすれば、年を経て経験を積み知恵や知識を会得した自分が、先を行く者としての友情と愛を持って教え導かずにいられようか。

本多先生は、傑出した哲学者であり優れた研究者であったが、同時に慈愛と情熱に満ちた教育者であった。そのことを誰よりもよく知っているのは、私たち、本多先生に直接教えられ導かれてきた弟子、往年の学生たちである。実に、先生は学生たちを、聖書の通り、ご自分を愛するように愛されたのだと思う。

本書には、私たちが若い頃、本多先生を囲んで毎年行われてきた勉強会合宿で、先生から直接聞かされたことが、分かりやすく、系統立てて書かれている。随所で、ああそうだった、本多先生はいとも軽やかに、しかもきっぱりと、人生の神髄に関わる真実を私たちに教えて下さったと、本多先生の懐かしいお声が、その時の光景と共に思い出されるのである。

本書は以下の章立てで、「人間とは何か」というテーマに対する答えを解説している。この中から第二、三、四章を部分的に取り上げ、考察してみたい。

第二章ではその第二節と三節、第三章では第一節、第四章では第五節を取り上げる（節の見出しの後に項の見出しが続く場合もある）。

第一章　人間の静的構造
第二章　人間の動的構造
第三章　人間の矛盾相即的存在性
第四章　人間の尊厳
第五章　知と愛
第六章　意識と無意識
第七章　人間と性
第八章　人間と自然
第九章　人間と死 その一
第十章　人間と死 その二

全体として、学生の哲学的、倫理的関心領域をこれほどまでに網羅したテキストがあるだろうか。なぜ生きてゆかなければならないのだろう、何のために生まれてきたのだろうという、自我に目覚めた人間が先ず抱かずにいられない根源的な問いかけに、順を追って懇切丁寧に応えようとしている。

章立てによって、「人間とは何か」が全体的に解説されているが、全章に底流し、骨格としてこの著作全体を支えているのが矛盾的相即の論理である。本多先生は、若い頃、実存的な悩みの中でキリスト教信仰の恵みに浴され、しかしながらそれでも、文字通り「身に合わない」という違和感を抱いておられたが、仏教哲学を学ばれ矛盾的相即の論理に出会われたことで全てを得心された。その直観的な救いの体験が、正確かつ鮮やかに説明できる論理との出会いであった。それは、本多先生の研究者、哲学者としての大きな飛躍につながる契機ともなったのである。

そして「人間と性」のテーマで一章が設けられた。私はこのことに驚きを禁じ得ない。私は精神科医として精神に支障を来した人の診察、治療に携わっているが、実は、性の問題が人の心にどれほど大きな影響を与え、性にまつわる外傷体験が心身の健康を大きく損ないかねないかを知っている。その一方で、昔から日本では、特に教育の領域で、性の話題にはできるだけ触れず、タブー視する風潮が根強くあり、今も基本的に変わっていない。その点このテキストでは、性の問題が全く回避されることなく、真正面から取り上げられていることに、私は改めて感銘を受けている。医学ではなく哲学なのだから、回避しようと思えば回避できるであろうに。

以下、本多先生から直接教えを受けていた往年の学生として、特に感銘を受けた箇所を抜き出し、解説というよりも、自分なりの感想を加えてみたい。

I 「第二章　人間の動的構造」

二　人間は応答的存在である

(1) 人間は招かれざる客であるのか

冒頭でこういわれる。「人間は、自分の意志によらず、この世に生を受けた。果たして人間は、いかなる招待者も創造者もなく、盲目の運命によってこの世に投げ出された『招かれざる客』なのであろうか。もし『招かれざる客』であるなら、私はこの世で何を、何のためにしてよいのか、本当のことは何もわからない」（三五頁）。

これは、人間にとって根源的な問いかけではなかろうか。少なくとも、人が子ども時代を終えて大人になっていこうという時期、すなわち思春期青年期に入った時、人はなぜ生きるのかという問いを一瞬でも思わない人間はいないのではないだろうか。

思春期になって自我に目覚めてくると、それまで当たり前にしていたことが意識し過ぎてできにくくなったり、他者から自分に向けられる目に過敏になって人付き合いがそれまでのように気楽にできなくなったりするものだ。まして、貧困や差別、家庭内の葛藤など、生きづらい状況の中に置かれていたり、障害や病気、人と違う特性など生きにくさを抱えていたりすると、日々ただ生きているだけ、息をしているだけでも苦しいのである。こんなに苦しいのに、なぜ私は生きているのですか？何のために生きてゆかなければならないのですか？と誰かに向かって問いたくなるのも無理はない。

しかし、誰に向かって問うのか。そもそも考えてみれば、問う相手がいるというのは幸せなことなのではないだろうか。

「人間にはつねに応えるべき相手が存在している。親には子どもが、子どもには親が、同じく夫には妻が、医者には患者が、教師には学生が存在している」（三六頁）。

人間は常に日常生活の現実の中で生活している。思春期以降、次第に形而上的な事柄に思索が向いていくのであるが、それでも人が生まれて乳児であった時期からの具体的で特段意味を持たないかのように見える日々の積み重ねが、その人の血肉となって感情や意図にも影響を与え、結果的に思想や思索の基盤にもなっているものだと思う。やはり何と言っても良い親に恵まれることは生涯にわたって計り知れない恩恵に与れるものだ。また、良い師に出会うことはその人の人生をも変えてゆくような何にも代えがたい幸運である。現実世界でどのような人間関係に恵まれどのような関係性の中で過ごして来たかは、その後の人生に影響を与えずにはいられない。人はこの世で日々経験する体験内容からこそ、実は普遍的なもの、宗教的なものとの出会いに開かれ繋がれてゆくのである。

「ここでは人間を『呼ばれて応える存在』と規定したい。『応える』とは、英語で respond という。responsibility は同根の名詞形で、責任と訳されている。つまり、呼ばれたら応えることが、責任を果たすということの語源的な意味であり、しかも同時にそれは人間の基本的な在り方を示しているように思われるのである。〔…〕人間が人間として完成されてゆく道は、ひとえに、さまざまな人びとの呼びかけにふさわしく応えてゆくこと、正しく責任を果たしてゆくことである」（同頁）。

この内容を、実際に本多先生の口から聞かせていただいた時の驚きと感動を、私は今でも忘れることができない。あの頃、二十歳そこそこの私は、激しい孤独感と、一体どうやって人生を生きてゆけばよいのかが分からない絶望的な闇の中にいた。自分が望んだわけでもないのにこの世に産み出され、誰とも分かり合えず自分でも持て余し気味の自分自身の破壊的な衝動を何とか御しながら、表向きには明るく振る舞いながら先の見えない生活を送っていた。勝手に私を世に産み出した親に文句を言うわけにもいかず、親が悲しむことは十二分に分かっていたので、何とか自殺せずに生きていたと言っても過言ではない。

「われわれは、［…］いつも人びとから呼びかけられ、かつ期待されている存在である。その意味では、人間は本来、絶対に孤独ではありえない。応答的呼応的存在であり、応答によって自己を超え出てゆく動的な存在なのである」（同頁）。

私には、自分が誰とも分かり合えず、誰の必要にも応えることができず、生きていても何の意味も価値も生み出さない人間なのではないかという自信のなさと自己否定感があった。しかしながら、人間が、本来的に「呼ばれて応える存在」なのであるとすれば、今は気が付かないだけで、どこからか誰かが私に呼びかけているのではないだろうか。私はただ耳を澄まし、その小さな声を聞き取るように努め、呼びかけの中に見出されるであろう自らの使命を果たしてゆけばよいのではないだろうか。

私は、「絶対に孤独ではありえない」との言葉に励まされ、大した取柄もなく何の価値もないような現状の自分であっても、「応答によって自己を超え出てゆく」ことができるのかもしれないと希望を持つことができたのだと思う。私は、砂漠の中を歩いているような中で、生きる意味を示してくれる泉に行き当たり、喉から体中を潤してもらったような気分だったかもしれない。この時から、私が生きる意味、私がこの世で果たすべき使命は、他人から与えられるものでも自分だけが追い求めるものでもなく、呼びかけの声に耳を済ませながら応答してゆく中で見出されてゆくものとなった。

その後、私も、いくつかの重要な局面で決断や選択をしてきた。その連続が私のこれまでの人生であり、この世での働きとなった。全く迷わないこともあったが、迷いに迷ったこともある。これがすべて自分一人の我意による判断であれば、その結果に腹を立てたり後悔したりすることも多かっただろう。しかし私には、いつも私への calling を聞き取ろうと耳を澄ませる習慣がついた。私に何が求められているか、どのように呼びかけられているかと、考えるようになった。呼びかけてくる主体は、言葉で言えば御者、私が生まれる前から私のすべてを知り、そしてこの世と人々の苦しみを知り悲しむ御方である。この御者からの呼びかけ（calling）に応答（respond）し、使命を果たしてゆくことが、私にとっての責任（responsibility）であり、生きる意味となった。

「では人間に呼びかけてくる［…］声は、いったい何処から来るのであろうか」（三九頁）。

先生は、「創世記」に出てくるアブラハムの話を引き合いに出しながら、強い要請を受けて産業医科大学へ、愛着のある神戸の職を辞して赴任された個人的な経験を示されている。私たちにもそれぞれ選択や決断を迫られる局面がある。その時、いかに呼びかける声を聞き取って応答してゆくかで、人生そのものの意味や色合いが変わってゆくのだろう。

三　人間は、自己超越的存在である

（3）ユダヤ・キリスト教的人間観――性の聖書的理解をめぐって

前節で仏教的人間観を説明した後の節で、先生はユダヤ・キリスト教的人間観を、「性」の問題を中心に取り上げて考察を進められている。性の問題は、実は人間の心身の健康や魂の平安において非常に重要な問題でありながら、日常生活の中ではあたかもないかのように触れられない事柄と言える。

折しも、ある芸能事務所の創立者で元社長が、所属タレントである多くの少年たちに性加害行為をしていたことが明るみになり、大きな社会問題になっている。これもかなり以前から関係者には知られており告発者もいたにもかかわらず、四十年以上にもわたり業界関係者や報道を含めて社会全体で隠蔽されていた。カトリック教会内の司祭による性加害の事実も同様に、恐るべき社会全体による性の隠蔽の事例である。

性は、全ての人に共通する課題であり、時にそれは難題であり得る。性は男女双方の幸福を生む源となり得るが、時に一方の苦悩と悲しみと不幸の原因ともなるものである。場合によっては、一方には身勝手で軽はずみな欲求充足であるものが、もう一方に対するとり返しのつかない重大で甚大な人権侵害となるかもしれない。二者が密接に関わり実現するものでありながら、一方は他方を全く知り得ず理解しようともせず、二者の間には深く絶望的な溝があり亀裂がある。

私は、仕事上、性の問題で悩み苦しんでいる人を診ることが多いので、性には無関心でいられないのだ。最初から性の問題が出てくるわけではないが、特に女性において、うつや情動不安定や、アルコールや薬物依存、犯罪傾向の背景に、実は性被害の経験がある場合が少なくないことを、私は知らされてきた。

先生が、学生のための哲学のテキストに、性の問題を、ユダヤ・キリスト教を示す人間観を手ほどきにして真正面から取り上げ、学生に問いかけ考えさせていることに驚きを禁じ得ない。「聖書の世界においても、人間的生活のそもそもの出発点をなしているものは、実に、『性』の現実なのである。」（五五頁）と言い切っておられることは、非常に先進的であり、ラディカルな姿勢だと、私は思う。

「性」の現実を、先生は、先ず、神と人間との分離即結合の論理から説明する。

「ユダヤ・キリスト教的啓示の特徴は、啓示する者自身の超越性の宣言である。超越者と人間の間には、何一つ共通なものは存在しない。それは『絶対他者』であり、『その思うところ、目ざすところは秘密』であって、人間のはからいを絶対に超越している（ヨブ記）」（同頁）。

これは、日本人である私などにはいささか冷厳過ぎる言い方である気がする。しかしその絶対的分離は、そこに絶対的結合を含んでいると、先生は言われる。

「しかしながらこの宣言は、人間を冷酷に突っ放す排他的な姿勢を示すものではなく、全くその逆なのである。この絶対分離の宣言は、即ち絶対結合の宣言に外ならない。すなわちそれは、人間が全き喜びをもって自己の真の実存を自覚するための唯一の条件なのである。人間はこの『根源的距離』（絶対分離）の中に、はじめて自己の存在を確認し、存在そのものである超越者（啓示者）との『根源的和合』（絶対結合・出会い）を自覚することができるのである」（五五―五六頁）。

神によって啓示された神と人間との関係は、人間と人間との関係にも似姿となるであろう。人間と人間においても、相手が自分とは全く別の、自分と完全に切断された存在であることを深く知っていてこそ、出会いの喜びを深い感動をもって知ることができる。相手が、自分とは全く違う感覚や好みや必要を持ち、違う性を生きる存在であるということを理解していてこそ、相手を思いやり相手の状態を確認しながら、相互の交流が可能になるであろう。相手が、あたかも自分の延長であるかのように、自分の付属物であるかのように思い、振る舞うことが多くの不幸につながっている。性も、人と人とのコミュニケーションの一つの形である以上、相手に対する配慮と思いやりなくして良好なものとなり得ない。全く違うものであることの自覚が、お互いを尊重し合えるような深い出会いと交わりに通じる。男性と女性は、人間という共通点はあるにせよ、全く別の生き物である。その性も、全く違うものだということを、私は思春期に至る前、子どもの頃から教えるべきではないかと考えている。

分離即結合、不一不二の相即的関係を基盤にした人間関係こそ、誰をも傷つけることのない新鮮で成熟した性の可能性を開くのではないだろうか。

Ⅱ「第三章　人間の矛盾相即的存在性」

一　矛盾的相即としての人間関係

（2）人間関係

本多先生が、学生に教えようとされたすべてに通底している根本原理というべきものが矛盾的相即の論理である。この章では、人間の静的構造、動的構造に続き、いよいよ人間の矛盾相即的存在性について、詳述される。

矛盾的相即という論理を分かりやすく解説するための例えとして挙げられているのが動と静の関

係である。「動と静という概念の固定的な意味は、まったく矛盾して結合しえないものであるが、しかし現実には動あっての静、静あっての動であり、静と動は単なる分離（分裂、二）でもなく、単なる結合（癒着、一）でもなく、不一不二であり、分離即結合であって、静はそれ自身のうちに非静（動）を含むのである」（七〇頁）。

確かに、静がなければ動はない。静であるところに動きがあって初めて動となる。そして、動があったからこそ静がひときわしんとした静けさとして引き立つ。松尾芭蕉の「古池や蛙飛び込む水の音」があらわす光景が浮かんでくるようである。

さて、人間関係も、矛盾的相即の論理によって成立している所以が、続けて説明されている。「人間関係では、語ることと聞くことが、やはり相互に自己否定的に媒介されなければ、真の対話など決して成立しえないであろう。聞く側の立場を無視した語り手は、対話の本質的契機である自己否定性、他者性を失っているから、それは独語であるか、せいぜい自己と対話しているにすぎないであろう」（同頁）。

「真の人格的な関係にはすべて、相手の立場を尊重した上での交わりが本質的であって、個の独立と相互性、分離と結合が矛盾的に相即していなければならない。人格の自由独立を無視した結合関係（わたくしはこれをベッタリズムと呼ぶことにしている）は、一方からみればサディズム的支配であり、他方からみればマゾヒズム的隷属であって、いずれも一元化非人格化志向性において共通している」（同頁）。

これは、人間関係のあるべき本質的あり方を、矛盾的相即の論理をもって説かれたものである。

勉強会合宿のたびに繰り返し、このことを教えられ続けた気がする。

私たちが歩む人生の道のりで、人との関係が全くなしに生きてゆくことはできない。どのように孤独な生活を送っている人でも、何がしかの形で他者に助けられている（あるいは脅かされている）のではないだろうか。また、現在は孤独であっても、心の中で過去に交わった人々のことを全く思い起こさない人はいないだろう。出会い、縁が結ばれる人々との関係が良いものであれば、その人の人生はより豊かな、味わい深いものとなる。親と子、夫と妻、先生と生徒、医者と患者、すべての関係に通じる、これは人間関係の極意と言ってよいと思う。

今、思い起こしても、本多先生は、いつもこのような姿勢で学生に対しておられた。常に、相手の属性や状態、能力や経験の多寡を見、それに配慮しながら、決して一方的ではないやり方で話しておられた。それぞれの能力や経験に見合った言葉を選び、学生たちが理解できるように言葉を紡いでおられた。難しい専門用語を多用したり、学生たちには明らかに理解できないような難解な哲学理論を話すことで学生を煙に巻いたり、置き去りにするようなことは一度たりともされなかった。

だからこそ、私たちは若くて、前提となる教養も経験もない時代に、これほどの深い哲学を学ぶことができた。それは、かくも難しい論理や思想が、驚くほど分かりやすく、私たちの頭にスーッと入ってきていたことを、今更ながら思い起こす。学問の集積も哲学の素養もない二十歳前後の若者たちに、このような深遠な仏教哲学が、あるいは難解な西洋思想がすぐに理解できようはずはないのに、本多先生の言葉を聞いていると、心に直接響く感動とともに、大切な内容がスーッと入ってきて、最も本質的なところが理解できたように感じていた。そして、後年勉強をしてからも、それは決して若い時代の思い込みや錯覚などではなく、いかにも正しい理解をしていたのだと再確認できた。本多先生の言葉はいつも、あの時あの場所で、私たちに届けられた生きた言霊のようであった。

本多先生は、深い教養を持ち、何か国語もの言語に精通し、優れた哲学者であられたにもかかわらず、全く偉ぶることがない、明るく気さくな方であった。それは、常に、「学生あっての教師」という矛盾的相即の論理に基づいた関係性を、学生との間で体現されていたからではなかったか。本多先生自身が、常に矛盾的相即の論理に基づいた生を生きておられたからではないかと思う。

私も、他の学生仲間と同じように、いつしか本多先生の矛盾的相即を生きるあり方を倣うようになっている。子どもあっての親、患者さんあっての医者であることを常に忘れないことで、少しは謙虚な姿勢になれているように感じる。双方が一方的に主張しあっていては一つも分かり合えるところはないだろう。こちらが聞く姿勢を持ってこそ、相手もまた聞く耳を持つ。矛盾的相即の論理は「お互いさま」の論理なのである。

また、「隠顕倶成」という言葉を用い、説明されたことも大変印象に残っている。隠顕倶成とは、華厳宗の根本的教理を表す言葉で、「現象として一方が現れるとき、他方は隠れているが、互いに同時に一体化し合っていること」との意味である。例として、男女の関係をユング（Carl Gustav Jung, 1875-1961）がいう男性的要素（アニムス）と女性的要素（アニマ）の概念を使い、説明された。「男がいるということは、同時に女がいるということであって、女あっての男、男あっての女なのである。しかも男性は自らのうちにも女性的要素を含んでいるのであって、けっして単なる男ではないのである。世界全体と同様、世界を映すわたくしたちの自己自身もまた、実は矛盾的相即体なのであって、一人の単なる男ではない」(七一頁)。

「一般の男性においては、アニムスが顕(実中心)であり、アニマが隠(虚中心)であって、現実の彼は隠顕倶成的に『男女』という両性的存在なのであり、現実の女性(女男)と矛盾相即的な男性(男女)なのである。彼は実に男女であるからこそ現実の女性(女男)と響き合うこともできるのである」(同頁)。

実際の男女関係は、なかなか理論通りにはいかない難しいものである。しかしながら、隠顕倶成という言葉を知っていることで、複雑系の世の中の事象をよく理解することができるようになる。そうであるがそうでない、そうでないながら実はそうであろうとしている、そうだと言いながらそうでない自分がいる、こうした複雑なことが現実の世の中や人間関係には結構あるものだ。むしろ単純なことの方が少ない。それがストンと落ちて理解できる、そのような論理である。

(3) 神と人

先生は、「分離と結合は否定的に相互媒介しつつ現実存在を現成せしめてゆく」とされる矛盾相即的関係性は、神と人との関係についても妥当するとして、説明をされている。

「『創世記』によると神は、神の絶対的超越性を自覚しうる存在として人間を創造したのである。『無からの創造』というのは、創造主と被造物との連続性の否定であり、いわば切断作業ともいえる。この切断分離によって人間ははじめて自己を被造物として、すなわち神との絶対的逆対応、絶対的矛盾相即の関係を自覚しうる人格となるのである。人格とはこのようにして神の似姿を実現しうる主体のことであり、この実現力が愛であるといえよう」（七四頁）。

神と人においても、絶対的分離の中にこそ絶対的結合があるという、矛盾相即的関係があると説明される。時と場合によって、分離が強調されるときや、反対に結合の面が強調されるときもあるだろう。小さく罪深い自身を自覚しながら身をかがめて、天にいます全能の神に祈るときは前者であろうし、いつも自分とともにいて自分のすべてを知っていてくださる同伴者としての神を感じているときは後者であろう。しかし、その両者は隠顕倶成的に常に同時に存在しているのである。

絶対分離であるからこそ、人は神を憧れ求める。絶対結合しているからこそ、人は神の内に安心し決して迷わない。その両方があって、神への愛が生まれ、働き始めるのである。神の似姿を実現しうる主体が人格であるといい、そして、その実現力が愛であると言われている。これほど鮮やかな愛についての説明に、私たちは出会ったことがあっただろうか。

そして、次に、罪と愛の関係についての段落が続く。

「愛するということと、罪を犯すということはまったく矛盾することである。人は愛する者に対して罪を犯すことはできない。にもかかわらずわたくしたちは愛する者に対してのみ自己の罪を自覚するのである」（七四頁）。

「相手が大事な人であればあるほど、相手の期待に少しでも添いえぬことがあれば、大変すまないことをしたと痛感するものである。したがって愛のないところに罪はない。しかも愛は罪を蔽うのである。こうして罪と愛とはまったく逆のものでありながら、自覚の事実においては分離即結合である。それゆえ愛の神など信じえずとも、もし自分の存在そのものが罪のように自覚（単なる自己意識ではない！）されてきたならば、それはおそらく本人にも知られず神の愛の光が背後より射し込んでいる証拠であろう」（同頁）。

この説明を実際に先生から教えられた時は、筆者にとって、罪というものの認識を根底から変えられ、その本質的な意味を射し込む光のように示された経験であった。いかにも驚くべき、鮮やかな解説であった。罪とは、愛があってこそ自覚されるものであるとするならば、罪を自覚するようになるということは自分が愛に包まれていることの認識につながり、やがて愛によって救われることにつながるのではないか。罪は愛への道、愛による救いへの途上にあるものなのではないか。そうであるならば、罪びとこそが救われるというイエスの言葉が、非常に現実味をもって迫ってくる。

罪は、それを犯した人が罪と自覚してこそ罪となる。どのような悪事を働いたとしても、本人の心の中に人や世の中、あるいは神に対して罪を犯してしまったという自覚がなければ、法律的には罪と定められたとしても、人間的宗教的には罪は存在しない。人は案外、法を犯しても、あるいは法律は犯さずとも人に対して何がしかの被害を与えてしまった場合であっても、周りが想像するほどには反省したり悔い改めたりしないものである。先に自分の方が被害を受けていた、相手がそこにいたのが悪い、運が悪かっただけだなどと、何かと言い訳を思いつくものだ。そして、周りから悪人と決めつけられるほど、いっそう悪事を重ね、逆に罪の自覚から遠ざかる。

犯罪行為をなし、捕まった当初は、周りが悪い、みんなやっているのに運が悪かったなどとうそぶいていた非行少年が、少年院の矯正教育を受ける中で立ち直ってゆく過程があるが、その奇跡は心からごめんなさいと言えるようになる時が契機となる。そして、それは必ず、少年院の教官など大人から厳しくも愛情あふれる教育を受けてこその変化である。少年は、叱責ではなく、愛情を向けられて、初めて心からの「ごめんなさい」との言葉が言える。非行少年を変容させ、成長させてゆくのは、罰ではなく愛情のこもった教育なのである。

実に罪人こそ、愛に包まれなければならない。そして、罪びとが罪を自覚した瞬間に、実はすでに自分が神の愛に包まれていたということを知るのである。実は、神の愛、仏の慈悲は、それがすべての人に包み込むほどに届けられているという確信がなければ、明言できないことであろう。

罪と愛との関係についての洞察は、今も筆者が仕事に向き合う姿勢の基本的なところに置かれている。そして、私自身の仕事を行っていく上での指針であり動機づけとなり続けている。

Ⅲ「第四章　人間の尊厳――死と身体の意味をめぐって」

五　死の受容

次に、死をどう捉えるかという問題に続いてゆく。私たちにとって、重大な問題である死への不安を、先生はどのように学生に説くのか。以下に抜粋して紹介したいと思う。

「[…]死の瞬間は、ちょうど眠り込む瞬間のように、決してそれ自体意識の対象とはなりえないであろう。それでは、全く知りえない瞬間を、人はいかにして怖れうるのであろうか。[…]それは自分の存在がなくなってしまうかも知れないという生きている間に抱く不安の意識に外ならい」（九九頁）。

「つまるところ、いわゆる死は煩悩（まよい）の別名なのである」（同頁）。

死は煩悩であると、ここまで明確に言い切られると心地よい気持ちがする。自分はいつ死ぬのか、死んだらどうしようとあれこれと詮無く不安に思っているが、それこそ自分が煩悩の中にいるということなのである。そう断言された後、私たちの生きるべき道が示される。

（煩悩によって）「真の自己から疎外されている状況が死であるとすれば、その死に死ぬこと、平安――ゆるしと愛とゆだね――の世界に生き返ることこそ、真の『人間の尊厳』を回復するところの狭き門となる。死に死ぬというあとの死は、もはや生と対立する死の意識ではなく、生死の相対を超えた生死一如ともいうべき絶対の生の本質的契機に外ならないであろう」（九九―一〇〇頁）。

「何といっても事実は事実なのであり、自らのはからいや我執をさしおいて、事実を事実（摂理）として受け容れることであろう」（一〇〇頁）。

「ともあれ、死は人生不可避の関門であるから、死の受容は、人間の生まれながらの宿題なのであり、できれば差し迫らぬうちに履修すべき必修科目である。しかし、見性とか廻心、回心という宗教的実存変革の体験は、自力のよく為しうるところではないから、この必修科目を履修する通常の方法は、境遇上の義務に自己を余すところなく捧げてゆくという努力あるのみであろう。そしてそこに要求される我意の放棄がかえって真に人間的な自己の受容をもたらすという、矛盾相即的出来事が恵まれうるであろう」（一〇一頁）。

とにかく、事実は事実と認めるしかないという潔さがある。そして、死を見つめながら生きることで、より深く生きることになるという、一種逆説的であるが希望が感じられる内容が語られている。これも死と生が矛盾相即的に存在するという現実に生きる私たちに開かれた誠実な生き方なのだと思う。この章の最後に、先生は人間の尊厳を実証してゆく行為についてかくのごとく宣言している。

「人間とは、水平的には自己と他者、人間と環境との、垂直的には生者と死者、時間的なるものと永遠的なるものとの、そのような対立契機の矛盾的相即、絶対矛盾的自己同一（共存在）であると結論することができよう。そうすると、自己に与えられた境遇の中でそうした共存在的論理構造を持つ人間性をたゆみなく実現してゆく自己投企の旅こそが、外ならぬ霊魂の不滅とか身体（人間性）の復活に参与するということであり、従って人間の尊厳を実証してゆく行為であるといわなければならない」（一〇三―一〇四頁）。

Ⅳ　終わりに

学生に哲学、倫理学を教えるためのテキストとして著された本書の、本来の価値や貴重さの何ほどを伝えられたかわからない。はなはだ力不足であったと内心忸怩たるものがある。

それでも、この文章をまとめることは、日頃多忙、かつ不勉強な私にとっていささか苦しみを伴うものであった。橋本代表の熱意に引っ張られながら取り組んでいたといってよいかもしれない。

ただ、若い頃に、人の縁の織り成す偶然によって出会いの恵みに導かれ、その後長い年月にわたり、先生の教えを受けさせていただいてきたことは、私に与えられた最大の恩寵と言えるのではないかと思う。そのご恩に報いなければ悔いを残すことになるのではないかとの気持ちもあった。その意味では、今回、この文章をまとめることで少しはご恩返しができたかもしれない。

いずれにしても、このテキストを改めて読み進めていると、もう数十年も昔のことにもなる、私にとって初めての合宿から重ねられてきた、懐かしい学びの光景が次々に思い起こされた。本多先生も、あの頃は、若く働き盛りの年齢であった。その先生を囲み、さらに若く迸るようなエネルギーに満ちた青年男女が一生懸命に先生の言葉に耳を傾け、自分なりにその言葉の意味を受け止め思索を深めていた。そのような光景とともに、先生の印象深い言葉一つ一つが、このテキストを読み進める中で蘇ってきた。

先生は、その若い日々、進路を巡る苦悩や血縁や家にまつわる苦労を重ねられてきたと承知しているが、私たちが存じ上げる先生は、いつも明るく朗らかで、楽しいときは大きな口を開けて笑うような方だった。また真正直で純粋で、若者以上に物事を真正面から受けるところがおありだった。そのような性格を持った方が、よくぞこの有象無象の錯綜する世の中を、純粋なまま生きてこられたものだとの感想すら持つ。

先生の突き抜けたような純粋さは、本当の意味で知を愛し、真の意味で哲学者として生きることを先生に命じ、先生はそれに従われたのではないか。先生は真の教養人であったし、同時に、学生への愛により教育者として生きることで掛値のない純粋な喜びを覚えておられたのではないかと思う。

先生からの計り知れないご恩への感謝と尊敬を込めて、最後に、第五章「知と愛」（一一〇頁）にある先生ご自身の言葉をお借りして、この文章を終わりたいと思う。

「真に思考し得る者は、純粋に驚き得る敬虔な人であり、これこそ教養人の特性ということができる」。

先生はまさにこのような方であった。

第六章　『死生観と医療』を読む

藤野昭宏

はじめに

『死生観と医療』は、本多正昭先生の死生観に関する論文や講演原稿をまとめ直したものであり、次のように前半七編と後半七編の十四編と結びの構成になっている（副題等はここでは省略する）。

前半の「生と死の接点」では「死とどのように向き合うか」について仏教的・キリスト教的死生観の双方から、哲学的・霊性的見地から「死とは何か」について根源的に考察されており、特に学生時代の親友の腐乱死体の発見と筋萎縮側索硬化症の患者さんとの出会いという体験的リアリティーは、圧倒的な迫力で追体験させてくれる。後半の「相即人間学と医療の接点」は、産業医科大学に赴任して十四年とその後の時期に医学生や医師を対象に執筆されたものであり、九州大学心療内科の創設者である池見酉次郎氏との出会いを含めて、総合人間学としての医学概論の立場から、「医学とは何か」「人間とは何か」について考察されている。非力ながら、本多思想の真髄と思われる内容を本文エッセンスとして要約し解説してみたい。

また、今回の死生観の学びを通して、本多先生のカトリック哲学者としての生涯の使命を改めて感じ入ることができたように思う。最後に記述したので、併せてご一読、ご批判をいただきたい。

I 「I 生と死への視点――松陰の 黒きは 月の光なり」

一 死と愛――第一回「死の臨床研究会」に想う

〈本文エッセンス〉

我々が恐れている死とは、実は肉体的生命の消滅の瞬間なのではない。それは、自分の存在がなくなってしまうかも知れないという、生きている間に抱く不安の意識にほかならない。この不安はいったいどこから来るのか？　仏教的に表現すれば人間の煩悩から来るといわれる。他人に対する恨み、つらみ、罪悪感、未だ果たされぬ所有欲や支配欲、今の自分の人生をそのまま肯定できないでいる自分、すなわち、この世に過度に執着している自分（我執）から来るのである。つまり死は煩悩（まよい）の別名なのである。

しかし、もう一つの死がある。それは我執から来る精神の病いとしての死に死ぬことを通して、絶対なるものに自己を完全にゆだねる死である。ゆるしと愛とゆだねの死である。「死の受容」とは、結局自力では断ち切れぬ煩悩を認めること、「自己の受容」以外何ものでもない。

一方、自分が愛する人、自分を本当に愛してくれた人の死は、激しい衝撃である。自己自身の全面的な滅びのように感じる。しかし、何度も何度も愛する人の死を看取りつつ、自己自身に死に得た人こそ、真の生きがいを知る人となる。愛は死によって深まり、死は愛によって初めてその具体的な意味を見出すのである。

〈解説〉

人間には二つの死があるという場合、通常は肉体の死と精神の死を意味することが殆どである。しかし本多先生は、我執から来る精神の病いとしての死と、その死を死ぬことで絶対的なものに自己を完全にゆだねる死の二つがあるという。後者の死は、前者の死に死ぬと同時に「誕生する死」である。新たに誕生する死は、煩悩にまみれた自己の一切を神の無償の愛にゆだねる死である。死を受容するとは自己を受容することであり、自己を受容するとは自己自身に死を得ることである。

愛する人の死を看取るとき、自己自身の死を得て初めて真の生きがいと具体的な意味を見出すことになる。これらの二つの死に関する見解は、凡夫の私たちに生じる死の不安の根本的な原因とその解消方法について、得心できる洞察がなされているというほかはない。

二　友の自殺とその後――学生時代の思い出

〈本文エッセンス〉

卒業直前になって神経をすり減らしてしまった親友Tが、大学院進学を断念し、少年院の訓練指導員のような職に就いて間もない頃、二度目の自殺未遂をした。度々会っていたが、Tの深い虚無感と何処にも生の喜びを見出せない姿を見て、つい「目も当てられないな」と言ってしまった。その年の七月になってもTのことが気がかりになり、実家を訪ねた。Tの母親が近所の子供たちが蔵の付近が臭いと言っていると聞いて、一緒に蔵の二階へ行って目に入ったのは、褐色に変色しはてた顔、眼球がなくなり、口を大きく開いて蛆虫が盛んに出入りしている物凄い形相のTの変わりはてた姿だった。以来、彼の腐乱した体の幻影がどこまでも追いかけてきた。

そこで思い切ってTの実家に下宿させてもらい、彼が自殺を決意した部屋に自分から乗り込んで行った。夜、Tと二人で向き合って彼の腐乱死体を天麩羅にして一緒に食べた夢を見た。しかし十日目に不思議なことが起こった。友人の顔など形あるものはすべて消え去り、天国の香りが立ちこめるような黄金の世界が現れ、最後の夢となった。

そして思いがけない真実に気づいた。今までTのために祈り続けたつもりであったが、実は彼の方が自分のために祈り、慰め励ましてくれているという覚信であった。彼は救われて天国で微笑んでおり、だからこそ自分も救われたという実感であった。

〈解説〉

自殺した友人の腐乱死体の天麩羅を本人と一緒に食べた夢を見たことにより、友人のために祈り続けていたつもりが、実は彼の方がすでに救われており、自分のために祈り、慰め励ましてくれている覚信により、自分も救われた実感がした、という学生時代の体験談である。友人の実家まで乗り込んで、自殺を決意した部屋で寝泊まりして祈り続けたのは、よほどの深い絆がなければ不可能なことである。

友の虚無感に満ちた姿を見て口から出てしまった「目も当てられないな」の一言が、おそらく青年時代の本多先生に深い罪意識を抱かせたのではないかと想像できる。自殺した友人の腐乱死体の天麩羅を一緒に食べたという夢は、友人の死を完全に受け入れたことに留まらず、自殺した彼がすでに救われて平安のうちにいて、反対に自分のことを心配しているぞという友人からのメッセージであった。だからこそ、心から救われた実感が湧き出たのである。死者のために祈り、死者から祈られるという霊性体験であったことは疑いない。

三　死の人間学的断想――仏教的キリスト教的死生観をめぐって

〈本文エッセンス〉

人はなぜ死が不安となり死を恐れるのか？　それは、煩悩中の根本的煩悩である「無明（分別知）」の所為だからである。生にだけ執着して死を恐れるのも、生に絶望して死に憧れるのも、すべて無明の所為にほかならない。では不安や苦悩の根である煩悩からの解脱は、いかにして可能なのか？

死の不安や恐怖を克服して人間らしく死を受容し、意識が続く限り、生死一如の充実した人生を生き抜くためには何を行ずればよいのか？

人間は交わりによって生まれ、交わりによって生き、そして交わりの中で「死」という生の最後のステップを生きなければならない。近親者や友人の手の温もりの中に、人間的な連帯性を感じながら臨終を迎えるのが、人間らしい死に方である。インドの聖女マザー・テレサの「死を待つ人の家」は、まさに孤独と寂寥の中で心身ともに死にかけている人々に差し出された交わりの手であり、連帯の場である。修道女たちにとって、「死を肯定せしめるもの」は死・復活のキリストであり、「死にゆく人々」の中に、ほかならぬキリストを見るのだという。この愛の実践の根源は、一にも二にも祈り（観想）であることをマザー・テレサは強調している。

人間は、元来肉眼と理性の眼の外に、「観想の眼」があった。しかし、原罪の結果、肉眼は残ったが、理性の眼は煩悩で曇り、観想の眼は失われて盲目となった。坐禅はその浄化作用によって無意識の邪魔物を取り除き、一般的な痛悔をおこさせ、失われていた観想の眼・智慧（直観）の眼差しを開かせる。聖書を読んでも、言葉の背後を見透かすようになり、そこに深い味わいと喜びを感じるようになる。一度味わったら、もとの状態には決して満足できなくなり、一切を捨てて進むほかなくなるのである。（愛宮ラサール師「プロチノスの『三つの眼』に関する聖書的解釈をめぐって」接心における提唱の一部より）

死の教育、死学（サナトロジー）の実践とは、坐禅や念仏行によって浄化された観想による愛や慈悲の完遂にほかならない。

〈解説〉

前の章では、死の不安は、自己自身の死を経て、「誕生する死」に至って初めて克服され、絶対的存在の慈愛の中にいる自己を自覚できるという、死と自己との向き合い方の考察であった。ここでは、人間らしい死とは、身近な人たちとの「連帯性」を感じながら臨終を迎えることであると述べている。これは一見すると矛盾しているように感じる。しかし、愛は死によって深まり、愛によって死の具体的意味を見出すというのは、まさに身近な人たちとの「連帯性」を感じながら、自己自身の死を死ぬことで「誕生する死」を生きることである。

マザー・テレサの「死を待つ人の家」の修道女たちは、「死にゆく人々」との「連帯性」を感じながら日々看取っている。見捨てられて誰からも見向きもされなかった臨死の人々の中に、ほかならぬキリストを見るという。「死にゆく人々」の中にキリストを見るということは、自分の内にあるキリストから湧き出てくる、復活のいのちに生きる信仰の事実だと思われる。修道女たちは、まさに神の根源的いのちの「連帯性」を感じながら、キリストを愛することを通して「誕生する死」を生きているのである。キリストを愛し、溢れる慈愛で「死にゆく人々」の死を看取るとき、修道女たちの真の生きがいと具体的な意味を見出す。その慈愛の実践の礎にあるのが、祈り（観想）である。坐禅や念仏、祈りによる「絶対無の自己」を通した第三の眼の観想による慈愛の体験こそが、死の教育に最も大切であることが強調されている。

四　死の受容――東西宗教交流の立場から

〈本文エッセンス〉

「神信心しても助からんと思うんですね。どっちみち、死ぬときは死ぬ。助からんとはっきりさせれば、よいのです」。これは、ヨーロッパの修道院生活を体験し、坐禅を教えた、禅僧・鈴木格禅老師の死生観である。さらに、ある講演では、「ありとみて　なきがつねなり　水の月」と板書し、祈りをかなえてくれる神様とか、身勝手な幻想としての来世の存在の執着を否定している。キリスト教にも人間的な性質を神に被せてゆくことを徹底的に否定する無の神学があるが、鈴木老師のいう禅的否定と一脈深く通じているように思われる。

この老師は、あるとき、禅堂の法話の中で、「浜までは　海女も蓑着る　しぐれかな」と神について説いている。どうせ死ぬからといって、一息一息を粗末にしてはならない。一息一息は神の呼吸、息吹の繰り返しであり、私の呼吸ではない。神のハタラキである。万物を生かしている厳然たるハタラキこそが神であり、仏である。生きるも死ぬもこのハタラキに打ち任せてゆけば、オレなんて、どうなってもいいじゃないか。「われもはや生くるにあらず。キリストわれにありて生きたもうなり」。まさに、この心境がキリスト者の禅的死の受容である。

〈解説〉

「神を信心しても助からない。助からないことをはっきりさせればよい」という鈴木老師の徹底した禅的否定の発言は、奇蹟を信じる熱心なキリスト信徒を絶望のどん底に落としてしまうかもしれない。客観的に明らかに延命が不可能と判断されたとしても、一抹の希望を捨てきれずに、何とか生きようとして病いと闘うのが私たち凡夫の常である。もう生に執着することをやめなさいと説諭されても、生を否定することは容易にできるものではない。

もがき喘いだ挙句の果てに自己自身を見失い、絶望のどん底に陥って初めて、徹底した自我否定が生じて本来的自己に気づき、一筋の希望の光（絶対無）に一切の心身を任せる心境（十牛図の第八図「人牛倶忘」[1]）になるのではないか。生への妄念と死後の幻想に希望を見出す我執の自己自身の死を得て、今この瞬間をただ感謝し、一息一息を大切に生きることに徹するのが、鈴木老師のいう「浜までは　海女も蓑着る　しぐれかな」の禅的死の受容（第九図「返本還元」）ではないかと思われる。

しかし、想像を絶する耐え難い痛みに苦悩している臨死の人に対しては、禅的否定の死の受容を求めることは実際には極めて困難であろう。この場合は、助からない患者の生の妄念を抱くことなく、医療者自身が禅的否定の死を受容し、根源的いのちに一切をゆだねる平静な態度が求められる。治療者として除痛を懸命に試みると同時に、一人の人間として「お互いさま」の気持ちで臨死の人の傍にただ居続けることが大切になる。この関係性こそが第十図「入鄽垂手」でいう〈我と汝〉であり、お互いが「自己ならざる自己」にある根源的いのちの場の交わりである。「生きるも死ぬも万物を生かしているハタラキに任せてゆけば、オレなんて、どうなってもいいじゃないか」の真の意味はここにある。

五　自我の孤立と死の不安――生死を超える希望の人間学へ

〈本文エッセンス〉

人は敬愛していた人や自分を大事にしてくれた絆の深いつきあいの人の死は、自分自身の部分的な死のように多かれ少なかれショックを受ける。これは一体何を意味しているのだろうか。

個人を精神的に支えていた共同体が突然崩壊すると、人はまるで浮き草のように足元を払われ、生存の不安に怯える。それまで共同体に埋もれて自我が孤立化し、セルフから離れたエゴの孤立化に拍車がかかると、死の不安がより一層深まる。共同体を失った人間は強烈な自我意識をもつ独自の個的存在であるがゆえに、死の不安がどこまでも襲ってくることになる。自我の孤立化と死の不安が表裏一体の関係にあるといえる。

ではどうすれば希望のある生死を超える人格的な成長が可能なのだろうか。不安という自我意識の防衛反応の虚構が崩壊し、自我が打ちのめされた自我の廃墟の場においてこそ、絶対的無条件の希望と愛が湧き出て「無生死の自己」となり、人格的成長と死の受容が自ずと生じるのではないか。愛する人の死は自らも部分的に死を体験することであり、多くの人を愛するということは、何度でも死（非連続）を体験することであり、同時に多くの永遠の交わり（連続）の絆を与えられるということである。これによって現世に対する過度の執着から少しずつ解放され、魂の自由、「非連続の連続という現実性」を回復していくことを意味するのであろう。

人間の本質は決して「死への存在」ではない。人間は「死」という消失点（vanishing point）を転回点（turning point）として、「無生死の自己」あるいは「永遠の生命」へと、つねに、すでに、存在論的に招かれているのである。この自覚と、そこから湧き出る絶対的無条件の希望と愛、これこそ人格的生命の真の源泉ではないだろうか。

〈解説〉

自己（セルフ）から離れて自我（エゴ）が孤立化するという考え方は、ユング（C. G. Jung）心理学の集合的無意識における自己を理解する必要がある。フロイト（S. Freud）が創始した精神分析学でいうところの超自我（super-ego）と自我（ego）と、それらの下に位置する個人的無意識層にあるイド（id）やリビドー（libido）の概念のみでは理解が困難である。自我の下層にある個人的無意識層を突き破り、無限に広がる集合的無意識層の中心の場にある創造的母なる自己（self）の認識が必要となる(2)。

自己から離れた自我は、集合的無意識という共同体をなくして孤独と不安を感じるようになる。死に直面すると孤立感を抱えた自我はより一層不安に拍車がかかり、死の恐怖に陥ってしまう。自我の孤立化と死の不安が表裏一体の関係にあるため、不安が途切れることがない。しかし、この巨大化した病的自我が根底から崩れるときが来る。自我が崩壊して廃墟となり、集合的無意識の最深層にある自己（self）と再び結合し、本来的自己自身を取り戻したときである。この「無生死の自己」にいたって初めて、不安が消失し、死の受容と人格的成長、他者への真の共感性が自ずと生じる。その結果、無条件の希望と愛が自己の奥底から湧き出てくるという。

ただ、ここで素朴な疑問が生じてしまう。本当に煩悩だらけの凡夫である私たちが、自我の徹底した崩壊と無生死の自己と無条件の愛情が溢れる自己を常に維持できるのだろうか。確かに、家族や親しい友人の死の連続体験は、自我の基盤を大きく揺るがし、自分の存在意義を根底から問い直す契機になることが少なくない。しかし、この経験は一時的なものであり、永続して自我が徹底的に崩壊する廃墟体験とは程遠いのではないか。やはり、自分自身の死の現実に日々直面していなければ、自我の徹底した崩壊は起こらず、本来的自己を維持することは不可能ではないかと思われる。一人称の自己自身の死との直面という霊性レベルでの根源的な苦悩の危機的状況に至って初めて、自我崩壊の消失点（vanishing point）が自ずと生じ、人格的生命の成長を実感するのではないだろうか。

六　〈シンポジウム〉出会いの場としての相即をめぐって（省略）

七　今がすべて——荒れた臨死患者のさとり

〈本文エッセンス〉

平成元年九月、当時産業医科大学神経内科のM教授から、入院中のある患者のメンタル・ターミナル・ケアをしてほしいとの依頼があった。その方は六十二歳の側索性筋萎縮症に罹患しているFさんで、ただ死を待っている状態であった。本人の精神状態は荒れており、対応していた看護師が心理的にめちゃくちゃにされて退職しまい、病院もすっかり持て余しているとのことであった。「生とは何か　死とは何か」を絶えず問い続ける哲学する医師を養成するというのが産業医科大学の建学の使命であり、その大学の哲学教授として試されるときが来たと感じた。

面会する当日の朝は、二時間の坐禅をし、自分のはからい抜きで接するように心掛けた。この患者に限らず、全ての人間がただ「聴いてほしい」という根本的な願望があるからである。妻の面会を頑なに拒絶し、「私はまったく無駄な存在です」と信じ込むFさんに、「そんなことないですよ。私はあなたの状態をよく理解できないので、いろいろ教えてください。ほかの患者さんのためにも、私自身のためにも、非常にためになると思いますね」と言ったところ、Fさんから嬉しそうな笑みがこぼれてきた。死を前にして悲惨な思いでいると告白すること自体が、私にとってものすごく大きな教えであった。そして誰かの役に立てるということが、人間の救いに通じるのだと思う。

自分は合理主義者だというFさんは、病室で奥さんと激しく争った。その際、奥さんが「死ぬなら死んでみろ！」と言い放った。ますます拒否的で頑固な態度になるFさんに、「合理主義は我の産物」と偉そうな説教調で話したところ、Fさんは涙を流して、「その域を越えられない」と言った。私は非常に感動した。これは素晴らしい「自己否定」である。闇を充分に自覚して、それを越えられないというのは悟りのはじめである。「死にたい」と強く思っているのに痰で咳き込んで救急車が来ると乗ってしまう自分がいると言うFさんに、それは合理主義の限界の自覚であり、我の根が引っこ抜かれる時ですよ、と話したところ、Fさんは非常に大きく頷いた。

六回目の面会の十月十七日。Fさんは明るくさっぱりとした表情で、「今を大事に。いつも今の気持ちです。いつも今」。それを聞いたとき、「ああ、この人は本当に生と死の闘いを戦い尽くして、来るべき時が来たのだ。招かれて来たのだ」と感じた。実在するのは〈今〉だけですね、過去の時や未来の時を〈今〉から切り離して、別のところに在ると考えるのは想像であり、妄念ですね、と言うと、「本当に〈今〉あるのみ」とFさんは感無量な表情をしていた。「先生に来ていただくと、心が和みます」と言うFさんに、私のほうがFさんの講義を聞いている学生みたいなものですよ、と答えた。

〈解説〉

相当に荒れた精神状態の筋萎縮性側索硬化症のFさんとの面会を通して、哲学対話を超えた「霊性対話」というべき体験が記述されている。ケアする看護師たちの心理状態を崩壊させるまで荒廃した精神状態のFさんは、自分は合理主義者だと言い切っていた。生きる意味を見出せずにもがき喘いではいるが、本気で死と向き合っていないことを妻から見破られて「死ぬなら、死んでみろ」と言われたことは、Fさんにとって絶望の底にいる自己自身と真摯に向き合う大きな契機になったのではないかと思われる。

そうした状況の中で本多先生と出会い、「合理主義は自我の産物に過ぎない」と告げられたことは、Fさんの自我の壁を底から打ち壊す絶好の機会になった。涙を流して、自我の域を越えられないという体験こそが、無生死の自己に蘇るための究極の「自我否定」であった。

この惨めでどうしようもない愚かな自分を曝け出してくれたことに深い感動を覚えたという本多先生と、「本当に〈今〉あるのみ」と感無量な表情で話すFさんとの関係は、互いが霊性的自覚によって根源的いのちを実感する〈我と汝〉（第十図「入鄽垂手」）の究極の霊性交流の関係であったと感じざるを得ない。「私のほうが学生みたいなものですよ」とさりげなくいえる先生の姿に、難病が日々悪化していくFさんから、一人の人間として謙虚に学ぶという自我否定から滲み出た愛情の優しさが感じとれるのは筆者だけであろうか。

Ⅱ「Ⅱ　相即人間学と医療の接点――産業医科大学十四年とその後」

一　心身相関の事例研究――池見酉次郎著『愛なくば』をめぐって

〈本文エッセンス〉

現代医学は、人間を対象とするといいながら、人間の心を置き去りにしている。人間は死すべき存在であるのに、死は医学の敵であるという考え方で医学が発達している。心と死の底にあるものは「東洋」である。池見酉次郎先生の『愛なくば』に登場する「さよみちゃん」の心身症のケースは、まさに東洋の心と身体は切り離せない身心一如であることを如実に物語っている。

母親の愛情に極端に飢えて育った彼女は、四歳のとき、両親と幼い妹で行った会社の慰安旅行のため一人だけ留守番となり、お土産にもらった人形が唯一の心の拠り所となった。人形を母親代わりとすることで、彼女の身体は進行性筋萎縮の疑いにまで硬直し、手は硬く握り締められ、内反足となっていた。母親に対する拒絶反応が極端にひどく、狼のように激しい感情を表す有様であった。

九州大学病院心療内科に入院したさよみちゃんの正式な世話人となったのは、当時院内で居候の身であった早川さんであった。彼女自身も愛情に対する欲求不満の塊であり、十指にあまる病名を抱え、人間不信と虚無感に陥って生ける屍のようになっていた人であった。早川さんはさよみちゃんの心の中に、恐ろしいほど似ている小さな自分を発見した。

早川さんは日夜さよみちゃんの母親代わりとなって、一所懸命に食事・就寝・入浴などの生活を共にした。ところが一ヶ月くらい頑張ってみても、まったく自分の手には負えなかった。この子のために必死になってお世話しているのに、なぜこの愛情に応えてくれないのか、と絶望的な気持ちで自問した。

さよみちゃんは早川さんを信頼していなかった。早川さんは命がけでしていたことは、実はさよみちゃんに対する愛情ではなく、先生方の愛情や関心を自分に惹きつけるための道具でしかなかった。道具としてさよみちゃんを愛しているのに過ぎなかった。自分の愛情がエゴから来ていることに気づいた早川さんは、「さよみちゃんが歩かなくとも、さよみちゃんも自分自身も、先生たちから見捨てられても、かまわない。自分は一生、さよみちゃんの歪んだ心を治して、素直な良い子にすることに努力しよう」と決心した。

絶望の一歩手前で自分自身が立ち直り、さよみちゃんから救われ、本当に純粋な自由な気持ちが湧いてきた。愛情乞食から、無償の愛を注ぐ人に転換したのである。郊外の肢体不自由児の学園まで毎日おんぶして通い、夜は手足のマッサージをした。すると、拒絶していた母親の手紙を喜ぶようになり、さよみちゃんの氷の壁が溶け始めた。博多駅まで一緒に母親の出迎えに行った際に、走り寄って母親にしがみついて、ぽろぽろと大粒の涙を流した。母親は力が抜けるように座り込んで娘を抱きしめて泣いた。

以来、さよみちゃんは急に生き生きとし、生気が蘇ってきた。早川さんが救われたことで、さよみちゃんを取り巻く人たちがみんな救われた。救ったのは、早川さんが絶望の淵まで追いつめられて生じた宗教的な回心である。自分の黒々とした心の中の闇を認識するということが、本当に闇を取り払う一つの出発点になるのである。宗教的な体験というのは、人間の最も深い要求であり、医学というもの、医療というものは、こういう宗教的現実が実際にあることを決して忘れてはならない。

〈解説〉

九州大学病院心療内科講座を創設された池見酉次郎先生（初代教授）の『愛なくば』に登場する「さよみちゃん」の症例を紹介した内容である。(3) このケース実録を読むと、人間がいかに隠顕倶成の心身一如の存在であるかを強烈なインパクトを伴って思い知ることになる。

心理学者E・H・エリクソンのいうところの「基本的信頼感（basic trust）」が涵養される乳幼児時期に、両親からの愛情が完全に枯渇した状態で育ったさよみちゃんが、手のつけられない狼少女へと変貌していくのは、むしろ必然なことであった。両親と一緒に旅行に行けず、一人置き去りにされた幼い彼女が心の拠り所としたのは、なんとお土産に買ってもらった人形であった。愛情に飢えた孤独な子供の気持ちが、ここまで追い詰められて極端な危機的状態であるとは、意外と気づかない親が少なくないのではないだろうか。

このさよみちゃんと早川さんの事例で思い出すのは、ヘレン・ケラーとアン・サリバン先生の関係である。生まれてまもない時期に罹患したヘレンは、感染症で視力と聴力を失い、発声障害も伴う三重苦を抱えた少女であった。おそらく親としての罪悪感からであろう、両親は同情と過保護で幼少時のヘレンに接したことから、彼女はわがまま放題のモンスター少女と化し、困り果てた挙句に頼ったのが盲学校を卒業したばかりの二十一歳のアン・サリバンであった。彼女は、手掴みで食事をしようとするヘレンに正面から厳しく対応した。それは自分自身が三歳で眼の病気（トラコーマ）で視覚を失った体験から、同情や憐れみではヘレンを成長させられないと感じたためである。

サリバンは幼くして母親と死別し、アルコール中毒の父親によって弟と一緒に孤児院に預けられた後、まもなく弟とも死別するという家族の喪失と孤独の極みを体験した過去があった(4)。盲目で家族を喪失した彼女は鬱状態となり、食事を一切拒否するようになったが、その入院の際にケアを担当した看護師から毎日キリスト教の教えを聞き、次第に心を開くようになったという。そのサリバンが、家庭教師として初めて動物のように荒れていたヘレンと出会ったことは、偶然というよりは宿命であったのかもしれない。

早川さんの場合、サリバンと決定的に異なるのは、さよみちゃんを命がけでお世話したのは愛情からではなく、病院の先生たちから認められたいという我欲のためであった。しかし、さよみちゃんを道具として利用していた自分に気づくことで、絶望の淵まで追い詰められるという徹底した自我否定体験を通して、愛情渇望の自分から、無償の愛情を注ぐ人に劇的に転換したのである。サリバンがヘレンに出会った頃は、すでに病院の看護師や友人からの愛情によって病的自我を克服しており、自律した立場で無条件の愛情を注ぐ側になっていたものと思われる。

「自分の黒々とした心の中の闇を認識するということが、本当に闇を取り払う一つの出発点になる」と本多先生は言い切る。この宗教的な霊性体験が人間の最深の根源的欲求であり、医療の現実として、医療者自身の自我否定による無条件の愛情の大切さを説いている。医学や医療の実践に携わる人においては、冷静に科学的根拠を追求する姿勢を保ちつつも、自分の弱さと心に潜む闇に真摯に向き合い、たえず自己自身を根底から問い直す霊性的自覚（祈り）と姿勢がなくては、医療者と患者との関係が信頼を基盤とした〈我と汝〉の関係にはなり得ないということである。

二　池見「身心」医学における東洋的「気」をめぐって

〈本文エッセンス〉

身心一如の論理である気の理は、二元論的でも一元論的でもなく、不一不二、つまり「即」であるという論理的自覚に至ったのが池見「身心」医学である。抗しがたい実在の促しに駆られて、形式論理の立場から、より具体的根源的な即の論理へと転換され、東洋的身心医学と西洋的心身医学の不一不二的関係を基盤としつつ、限りなく自己展開力を有する総合人間学的体系が樹立されつつある。

即の論理、気の論理は、西洋的近代科学が誇る普遍性・必然性・客観性とはまったく質的に異なる次元において、つまり人間が意識すると否を問わず、現実に活動している意識以前の根源的な実在の論理であって、万人のもとに息づいているのである。

〈解説〉

東洋医学は、目に見えない生命エネルギーである「気」を基盤にしている。この気は、意識以前の根源的な実在であり、「矛盾的相即」の論理そのものである。東洋医学は心身一如を前提としており、基本概念である「陰陽虚実」「気・血・水」「五臓」などの考え方は、まさに相即の論理で成り立っている。

筆者は漢方医学を学ぶ者の一人であるが、診療において患者が訴える身体の病的症状が、心の歪みの蓄積が原因であることが少なくないことを日々実感している。東洋医学の概念と実践は、まさに「相即の医療」そのものといえるのではないだろうか。

三　人間とは何か——矛盾的相即の立場から（北海道医師会講演）

〈本文エッセンス〉

産業医科大学に赴任して先ず取り組んだのが、「医学概論」である。医学概論というと医学入門とか医学に生涯を捧げた医師や研究者が医道を説く講義といった印象があるが、本多先生が取り組まれたのは、医学の本質を反省的に問う哲学としての医学概論を基礎にしながらも、総合人間学としての医学概論を、医学部六年間二十二単位という膨大な講義数について、どのように具体的にカリキュラムを編成し、いかにして教育するかであった。

これは、当時の初代学長に就任された土屋健三郎先生の強い要請によるものであった。A 心と体、B 男性と女性、C 人間と科学、D 東洋と西洋、E 人間と環境、F 医学と倫理、G 人間と医学、

H　生と死、I　人権と社会、の九つのテーマについて、医学概論等小委員会で学内学外の専門家の方々に依頼し、調整をはかるという形で行っていた。

哲学と科学、医学と宗教の接点を医学教育において開発するためには、この「医学概論」は非常に大きな武器になる。観察や実験という分析という科学の方法論では、個性を持った存在そのものに触れることはできない。

医学概論の提唱者である澤瀉先生はベルクソンに大変造詣が深い方で、ベルクソンの方法を紹介されているが、「哲学の方法は直観と反省である」と主張している。生命というものは直観でないと把えられない。直観という方法によって、相手の生命や人間性の根源に触れるのである。なぜなら、我々人間的な現実全てが「同時的相互因果」だからである。

西田先生の処女作に『善の研究』があるが、その中心概念は「純粋経験」である。純粋経験とは「三昧（ざんまい）」のことである。三昧とは、主観と客観、自分と相手が、二元論的な対立を克服して、一つになっている状態のことである。花を見た瞬間に「自分か花か、花か自分か」「自分が花になる、花が自分になる」体験をいう。純粋経験は、人間がいろいろな所で体験可能な「主客合一の世界」であり、「実存」である。西田先生にとっては、純粋経験は「実在」であった。対象と自分が一つになった三昧の中には自分の全存在がその中に没入しており、全人格が参加しているのである。人間の健康を考える場合、これこそ実在に根ざしたものでなければ、人間としての健康とはいえないことになる。肉体を通して人間性を見つめる医学でないと、その人の人間性を破壊してしまうのではないだろうか。

人間の健康を極限まで突きつめて考えると、「死、これもまた有難し」と死を肯定することではないか。これは「愛」といってもいいと思うが、とてつもなく深く厳しいテーマであると同時に、心身の分裂、自己と他者の対立、これを克服していくという視点から健康を見出すことが大切ではないか。

マザー・テレサは、「人間にとって一番ひどい病は、自分は誰からも必要とされていないと感じることである。ライのために薬はできたし、その治療もできる。結核のための薬もあるし、患者の治療もできる。しかし、人から無用の者だと思われている人のためには、喜んで仕える手、愛する心の他には、この恐ろしい病を治す道はない」という。産業医科大学の医学概論も、結局「喜んで仕える手」をどうやって養成するか、ということになるのではないかと思う。

現代の社会はまったく「競争の原理」で動いており、競争原理は個人主義の原理である。この個人主義が人間の一番深い精神的孤独の原因になっており、その瞬間に手を握ってくれる相手がいない。死というのは人間学的には「間柄の不可逆的な停止」「連帯の不可逆的な喪失」といえるかもしれない。こういう意味での死を食い止める必死の努力をすることが医師や看護師の使命ではないだろうか。

〈解説〉
産業医科大学の医学概論は、一九七八年の開学当初より、六年間の医学部教育で大変重視されてきた必須科目である。これは初代学長の土屋健三郎が第一回入学式で「建学の使命」を提唱し、「人間愛に徹し、生涯にわたって哲学する医師の養成」が産業医科大学における医学教育の基本骨格であり真髄であると訓辞したことにその基礎がある[5]。建学の精神が机上の謳い文句に留まることがないようにするため、全学的な組織である医学概論専門委員会が設置され、開学から九年間、一年から六年までの計二十二単位の医学概論教育の企画と運営が行われた。

この専門委員会の副委員長としてカリキュラム編成に中心的役割を担ったのが、初代の哲学教授として就任された本多正昭先生である。病いとは何か、死とは何か、人間とは何か、など正解のない人間存在の根本的な問題について、医学生自身が自己自身を問い直すための「哲学する」機会を提供することが医学概論の使命であった。筆者はその当時の医学概論教育を受けた医学部生の一人である。

「哲学する」とは、ベルクソン哲学で重視する「直観と反省」によって、同時相互因果関係にある患者の生命や人間性の根源に触れることを意味する。直観と反省によって初めて、「純粋経験」である主客合一である人間性の「実在」と共時的に触れることになる。自然科学の方法は、客観的で正確な診断と予後を見極めるにはとても重要であるが、患者の命や人間性の「実在」そのものと交わることは不可能である。本多先生は、この純粋経験である「実在」に根差した医学でなければ、患者の人間性を破壊してしまうのではないかと危機的な警鐘を鳴らしている。これは、医学を自然科学として実証的に検証する科学者の立場のみに終始する現状を憂い、一人の人間として苦悩する患者の「実在」に触れることがいかに大切であるかを警告したものである。

また、健康とは何かを突き詰めると、「死、これもまた有難し」と死を肯定することであり、これは「愛」なのだとする矛盾的相即に基づく考え方は、実に新鮮である。医療現場の主治医が、患者本人や家族に対して、「死、これもまた有難し」などと言うことは実際にはまず不可能であろう。しかし、当事者たちが死の絶望と哀しみのどん底にあるときこそ、少なくとも医師や看護師は心の中でこの言葉を噛み締めることが本当の愛に繋がるのだと説いているように思える。この「絶望の死を感謝する」という本多先生の透徹した即の哲学には、ただ驚愕するばかりである。

マザー・テレサの「人間にとって最も不幸なことは、病いや貧しさではなく、自分は見捨てられ、誰からも必要とされていないと感じることである」という人間存在の核心を突いた有名な言葉は、医療者に限らず、すべての人に当てはまることである。自己自身がすでに慈愛で満たされていることに気づき、そのことをたえず感謝することで、自然体で「喜んで支える手」になるのである。医学概論の使命は、最終的には「喜んで支える手」になる医療者を養成することであるという本多先生からのメッセージは、四半世紀にわたって医学概論教育を担ってきた筆者にとって、改めて心深く刻みこめられる言葉であった。

現代社会に生きる人が孤独になるのは、とにかく競争原理で動く個人主義が蔓延っていることが原因だとする指摘は確かな事実である。医師や看護師の本来の使命は、「連帯の不可逆的な喪失」としての孤立無縁な死に際して、「喜んで支える手」になることである。研究資金獲得競争と科学論文業績を至上とする大学医学部に所属する医師や研究者にとって、次のパウロの言葉が心に沁みるかもしれない。

「たとえ、預言する賜物を持ち、あらゆる神秘とあらゆる知識に通じていようとも、たとえ、山を動かすほどの完全な信仰を持っていようとも、愛がなければ、無に等しい。全財産を貧しい人々のために使い尽くそうとも、誇ろうとしてわが身を死に引き渡そうとも、愛がなければ、わたしに何の益もない」（コリント信徒への手紙Ⅰ一三章二―三節）

四　生と死を考える――死の忘却・原因と結果・新しい眼差し

〈本文エッセンス〉

現代に生きる私たちは、なぜ死を忘れ、これを敵視してしまうのか？　近因として考えられるのが、「死に場所の変化」と「平均寿命の急上昇」である。男女ともに約四十年間で三十歳以上も伸びたのは、古来未曾有の大変化であり、死に場所が家庭から病院へ移行したことと相まって、死の意識を急速に遠ざけてきたように思われる。

この「死に場所の変化」と「平均寿命の急上昇」は、ともに「科学技術の急激な進歩」の産物だと考えることができる。ひたすら人間の生への欲望に奉仕しつつ、死ぬべき人間の定めを忘却させるものである。「追いつけ、追い抜け」をモットーに、生存競争を激化させ、人間を絶えず新しいものへ駆り立て、神、仏、愛、そして死というテーマは、すべて忘却の彼方へと置き去りにされてゆく。医学はもはや哲学、心理学、宗教学、社会学、歴史学などとはまったく独立の、細分化された閉鎖的学問体系となり、単なる治療医学として、肉体生命一本やりの医療を生み出すことになった。

死の忘却は、どのような結果をもたらすのだろうか。キュブラー・ロスの『死の瞬間』の中に次のような事例がある。臨死患者である妻が、無駄な延命治療は一切やめて安らかに死なせてほしいと心から切望しているときに、外科医たちは、もう一度手術をすれば延命が可能であると信じており、夫も生かすためなら何でもしてほしいと頼み込んでいたため、夫はどうしても妻の望みを受け入れることができずに、妻の今際《いまわ》の際《きわ》まで愛の名において苦しめ続けた。しかし、夫はキュブラー・ロスの対話を通して、ようやく人生の一大事に目覚め、妻の「死の受容」を「受容」することで、夫婦間の最後のすれ違いの悲劇が死の直前に解決された。

我々が死を受容して、「まことのいのち」に目覚めるということは、生と死を出会わせる「まことのいのち」がはじめから存在し、働いていたことを前提とする。死に背を向けて、ひたすらしがみついていた生と、生に敵対していた死が、共にそうした在り方を否定して出会うとき、人は「単なる生」も「単なる死」も、それらは共に幻想であって、元々実在していなかったことに気づく。「単なる生」に死ぬということは、この世への執着、我執に死ぬということである。生と死が自己否定を通して出会うとき、人はもはや生でも死でもなく、生でも死でもあるような、新しいいのちの世界に蘇ることができる。出会いとは、「今、ここ」の死と再生の体験であり、この意味で人生とは、まことに出会いなのである。

〈解説〉

「出会いとは、〈今、ここ〉の死と再生の体験であり、この意味で人生とは、まことに出会いなのである」という一節に、本多先生が伝えたい死生観のすべてが包み込まれているように思われる。

高齢化と死に場所の変化に伴い、私たちの日常の死が忘却されているような錯覚を覚える今日、生成ＡＩが活躍する便利で快適なこの世に執着する自我に死んで、元々存在していた「まことのいのち」に気づく生き方は、凡庸な私たちには本当に困難なことである。

想像を超える世界的なパンデミック感染症や大規模な自然災害に突如として襲われ、実際に家族や友人の死に直面し、精神の限界状況下で自己自身の死を覚悟する機会があれば、凡庸な私たちでも、〈今、ここ〉のまことのいのちを意識して死と再生を生きる体験ができるかもしれない。一方、医療現場で臨死患者と向き合うとき、決して歴史的に特別な死への対応が日々実践されているわけではない。前に記述した筋萎縮性側索硬化症のＦさんと本多先生との緊迫した場面を思い出してほしい。Ｆさんがどうしても合理主義の域を越えられないと涙ながらに告白する自我否定から湧き出た〈今、ここ〉に生きることへの気づきは、大学病院病棟の場で起きたことであった。

たしかに、若き日にドミニコ会修道士として神に献身し、スコラ神学に苦悩した本多先生であるからこそ、Ｆさんは徹底して自我否定する自己に至り、生まれる前から存在している「まことのいのち」に導かれたのかもしれない。しかし、本多先生は一人の人間として誠実で真摯にＦさんと向き合ったからこそ、Ｆさんにまことのいのちに生きる喜びが生まれ、お互いが真に信頼する連帯性が醸成されたように思えてならない。もしそうだとすれば、凡庸な私たちでも、一人の人間として、自己自身に対して虚心で真摯な態度で相手に向かうとき、どこの場面であっても、お互いが〈今、ここ〉を生きる関係性が自ずと生じるのではないだろうか。

五　哲学する医師の養成（省略）
六　総合人間学研究所十年の恵み（省略）
七　日本医学会総会提言（省略）

おわりに

今回、『死生観と医療』を改めて何度も精読することで、恩師本多先生がどのような死生観をもっておられたのか僅かながら理解できたように思う。〈今、ここ〉の瞬間の場のささやかな出会いに感謝し、徹底して自我に死んでまことの蘇りのいのちに生きる、これが先生の死生観の真髄であると思われる。平たく言えば、お互いさま、お陰さまに生きるということではないかと思う。この〈今、ここ〉の瞬間の生死一如の生き方が結果として、隣人に対して見返りを求めない愛となるのだよ、と伝えたかったのではないだろうか。

キリスト教でいえば、どうしても自我中心になってしまう愚かで弱い自分を徹底的に懺悔（自我否定）し、十字架の苦難と復活のキリストのいのちと一体となることで原罪から解放され、たえず注がれる神の慈愛に一切をゆだねて生きる、これが〈今、ここ〉の瞬間の生死一如に生きることと同義であると思われる。

神の子キリスト自身が完全な神性と完全な人性を有する矛盾的相即の存在であり、神の無償の愛にすべてをゆだねながらも残酷で惨めな十字架上の死こそが、復活のいのち（まことのいのち）をもって神の慈愛の歴史的事実を証明したのであり、キリストに生きるとは〈絶対無の自己〉に生きるということである。このことを、東洋文化に生きる私たちに受け入れやすいように矛盾的相即によって再解釈することが、本多先生のカトリック哲学者としての生涯にわたる使命であったように思えてならない。

注

（1）上田閑照、二〇〇三、「自己の現象学――禅の『十牛図』を手引きにして」『上田閑照集　第六巻　道程「十牛図」を歩む』、岩波書店、二〇七―三四四頁。
（2）C・G・ユング（野田倬訳）、二〇〇七、「個人的無意識と集合的無意識」『自我と無意識の関係』人文書院、九―八二頁。
（3）池見酉次郎、一九六五、『愛なくば――少女と医師の苦闘の記録』光文社 KAPPA BOOKS、一二一―一二三頁。
（4）ヘレン・ケラー（小倉慶郎訳）、二〇〇三、『奇跡の人――ヘレン・ケラー自伝』新潮文庫、一九五―一九七頁。
（5）藤野昭宏、二〇一五、「医学概論とは何か――その歴史的意義と使命」『産業医科大学雑誌』三七（四）：二七三―二九一頁。

本多正昭・著作（本書で取り上げたもの）

『比較思想序説――仏教的「即」の論理とキリスト教』（法律文化社、一九七九年）

『超越者と自己――滝沢・阿部論争によせて』（創言社、一九九〇年）

『人間とは何か――矛盾相即的世界』（創言社、一九九二年　増補新訂版、一九九五年）

『神の死と誕生――「即」の展開を求めて』（行路社、一九九二年）

『キリスト教と仏教の接点』（行路社、二〇〇七年）

『死生観と医療――生死を越える希望の人間学へ』（行路社、二〇〇八年）

あとがき

本多正昭先生が帰天されてから、すでに三年半の歳月が流れた。

晩年、先生は京都ノートルダム女子大学の学長を勤められ、その後は九州に帰られて、安松聖高院長（相即人間学会会員）の福岡聖恵病院で非常勤のカウンセリングをしておられた。最後まで、人間の生き方を「相即」（相手に自分の根拠をおくお互いさまの関係。超越者と人間の場合にも妥当）に見る立場で生きておられ、半世紀も前に私たち若い学生に接して下さった時からいささかも変わらないそのお姿に敬服するとともに、感謝の念を禁じ得ない。本多先生と様々な機会に出会い、その人格に触れた方々は、その真理の探究心とともに、かけがえのない一人ひとりに対する深い慈愛を感じられたにちがいない。それは先生の少年期からの艱難辛苦の経験から来たものであったといえよう。先生の「手記」はそれを如実に語っている。先生は苦悩した愛の哲人であった。

二〇二一年の三月、ようやく相即人間学会の佐藤泰彦さん、定本ゆきこさんと長崎に行き、西浦上の納骨堂（カトリック西町教会）にお参りすることができた。翌日には井村さんの案内で、先生が多感な青年期を過ごされた南有馬の白木野の本家跡を訪れた。

明るい陽射しのなか、南方の右手には遠方に原城跡、はるか彼方の有明海には青墨色に霞んだ天草半島が浮かんで見えた。若き日の先生が独居自炊生活をされ、思索の日々を過ごされた屋敷はもはやなく、廃墟ばかりとなって、草木だけが蓬々たる生い茂っていた。

松林の美しい自然の中を無常の風が吹きぬけていた。それでも今も先生の霊に触れているような感じがした。とても不思議だった。

「やあ、みなさん来ましたか」と、先生がいつものように笑いながら片手を挙げて歩いて来られるのを錯覚した。時空を超えた懐かしさ、これが道縁というものであろうか（先生は生前、道縁は血縁よりも深いと言っておられた）。この世ではもう見えることができないという一抹の寂しさはあるけれども、先生とわれわれ教え子との相互の親愛は永遠の次元に届いていると確信して、言葉にならない幸いを感じた。

私たちには、先生から託された、現実世界の中での「相即」の探究という仕事が残っている。それぞれが自分の置かれた生活環境の中で誠実に修練して、その負託に応えていくことを誓いたい。やがて胸を張って再会できる日のために。

小著は、哲学者 本多正昭の「相即」思想の概説を目指して、先生が開設した相即人間学会（旧、総合人間学研究所）の会員の手でまとめられたものである。所期の目的に達したとは到底言えないが、各人が「相即」に参究した現時点の結果が示されていると思う。あとは読者の方々からのご意見やご批判をいただければ幸いである。

本書の刊行にあたっては、まず故本多強氏が作成された家系図を提供して、本多本家と先生の思い出を語って下さり、白木野の本家跡まで案内いただいた井村絢香氏に、深甚のお礼を申し上げたい。まことに有難うございました。また、本多先生のご旧友で口之津市玉峰寺の故中村興正老師は、ご病体にもかかわらず正式の法衣姿で門前までお迎え下さり、会食の席を設けて先生との中学時代の思い出を長時間語って下さった。その場には、筆者と同じく「禅とキリスト教懇談会」の会員である同寺の中村知見住職もおられ、話に加わって花を咲かせていただいた。この場をかりて厚くお礼申し上げます。

さらに、本多先生とともに長年にわたって西田哲学の相互参究に励まれた、「聖霊神学」の提唱者で知られる小野寺功先生（清泉女子大学名誉教授）にも感謝を申し上げたい。先生は小著の執筆について励まして、貴重な意見をお寄せ下さった。本当に有難うございました。小著は、以前より恩師本多正昭の学問的業績に理解を寄せ、幾冊も世に出して下さった行路社の楠本耕之社長のお勧めで、こうして刊行することができた。そのご縁に感謝いたします。

能登大地震の惨禍のただなかの大雪の日に

二〇二四年一月二四日

橋本裕明

定本ゆきこ（さだもと・ゆきこ）奈良県立医科大学卒。精神科医。京都少年鑑別所医務課長。こども家庭庁基本政策部会審議委員。京都府教育委員会特別支援教育専門委員。相即人間学会会員。

【著書】『発達障害の臨床心理学』共著（東京大学出版会、2010年)、『少年法適用年齢引下げ総批判』共著（現代人文社、2020年、『非行少年の被害に向き合おう』共著（現代人文社、2023年)、その他。

【論文】「法務省において少年事件はどのように扱われるか——非行少年の鑑別と矯正教育」(2022年)、「性加害少年の特徴と背景について——少年鑑別所に措置された性加害少年と一般非行少年との比較による検討」(2023年)、その他。

藤野昭宏（ふじの・あきひろ）英バーミンガム大学大学院修了。博士（医学）: 産業医科大学。産業医科大学医学部教授。相即人間学会会員。

【著書】『病院倫理入門』監訳（丸善出版、2011年)、『シリーズ生命倫理学（19）医療倫理教育』編著（丸善出版、2012年）

【論文】「発達障がいを抱える人の就労の実際と課題——苦悩する本人と周囲の人たち」(2020年)、「病いと人間——矛盾的相即の死生観」(2020年)、その他。

執筆者紹介

橋本裕明（はしもと・ひろあき）南山大学大学院文学研究科博士後期課程満期退学。博士（文学）：筑波大学。名古屋芸術大学副学長を経て、現在、相即人間学会会長。

【著書】『ヘルマン・ヘッセをめぐって――その深層心理と人間像』共著（三修社、1982 年）、『東洋的キリスト教神学の可能性』（行路社、2011 年）、『タウラーの〈魂の根底〉の神秘主義』（知泉書館、2019 年）、その他。

【論文】「ゴルトムントとヨゼフ・クネヒトの〈神秘的〉キリスト教」（2012 年）、「ヨハネス・タウラー覚書――ドイツ 14 世紀前半、危機の時代への一瞥」（2020 年）、その他。

安松聖高（やすまつ・きよたか）産業医科大学大学院医学研究科博士課程修了。博士（医学）：産業医科大学。医療法人聖恵会 福岡聖恵病院理事長・院長、浄土宗清泉山天籟院林松寺住職。相即人間学会会員。

【著書】『心の痛みの癒し――高齢化社会への仏教的アプローチ』（同朋舎、1999 年）

【論文】「矛盾相即的精神療法」（2008 年）、「矛盾的相即と精神療法」（2015 年）、その他。

佐藤泰彦（さとう・やすひこ）同志社大学大学院神学研究科博士前期課程修了。修士（神学）：同志社大学。百合学院中高校教諭を経て、相即人間学会事務局長。

【論文】「日本における殉教者崇敬の問題」（2012 年）、「キリスト教はいかに日本における生者と死者の交流に関わり得るか」（2012 年）、その他。

吉田眞一（よしだ・しんいち）九州大学医学部卒。医学博士：九州大学。元九州大学医学部細菌学教室教授。九州大学名誉教授。相即人間学会副会長。

【著書】『戸田新細菌学』共編（南山堂、2002 年）、『系統看護学講座 専門基礎 微生物学 疾病のなりたちと回復の促進』共著（医学書院、2005 年）、『細菌学者の般若心経と相即の知』（花乱社、2023 年）。

【論文】"Relation of capsular materials and colony opacity to virulence of Vibrio vulnificus Infect Immun" (coauther) (1985), "A novel combination of selective agents for isolation of Leptospira species Microbiol" (coauther) (2011)、その他。

「相即」の哲学者 本多正昭
その人間学の射程

2024年7月20日　初版第1刷印刷
2024年7月27日　初版第1刷発行

編　者——相即人間学会
発行者——楠本耕之
発行所——行路社　Kohro-sha
520-0016 大津市比叡平3-36-21
電話 077-529-0149　ファックス 077-529-2885
http://cross-media-jp.com
郵便振替　01030-1-16719
装　丁——仁井谷伴子
組　版——鼓動社
印刷・製本——モリモト印刷株式会社

ISBN978-4-87534-461-2 C3016

死生観と医療 生死を超える希望の人間学　本多正昭　四六判 244 頁 2400 円
■死の意味が解けないかぎり、われわれの生の真相も本当に理解することはできない。死とは単なる肉体的生命の終止符なのか？

キリスト教と仏教の接点 本多正昭　四六判 144 頁 1500 円
■「矛盾的相即・隠顕倶成」「即」の哲人の切実な言葉は、私たちに深く響き入って……力強い励ましとなる。——上田閑照

東洋的キリスト教神学の可能性 神秘家と日本のカトリック者の実存探求の試み 橋本裕明
A5 判 240 頁 2500 円 ■東洋的霊性とキリスト教の対話の中で、世界精神史的視野からキリスト教という個別宗教を超えて、人間の実存的生そのものを凝視せんとする普遍的な思索。

集合的記憶 社会学的時間論　M. アルヴァックス／小関藤一郎訳　四六判 280 頁 2800 円
■集合的記憶と個人的記憶／集合的記憶と歴史的記憶／集合的記憶と時間／集合的記憶と空間／等

メキシコ近代公教育におけるジェンダー・ポリティクス 松久玲子　A5 判 304 頁 3000 円
■ディアス時代の教育と女性たち／革命動乱期の教育運動とフェミニズム／ユカタン州フェミニズム会議と女子教育／1920 年代の優生学とフェミニズム運動／ユカタンの実験と反動／母性主義と女子職業教育／社会主義と教育とジェンダー、ほか

メキシコの女たちの声 メキシコ・フェミニズム運動資料集　松久玲子編　A５判 508 頁 6000 円
■メキシコ女性の言説を収集した一次資料を駆使して、メキシコのフェミニズム運動を通時的・共時的に分析し紹介するはじめての体系的研究で、多年にわたる日墨女性学研究者たちによる共同研究の成果。

メキシコ　その現在と未来 安原毅,牛田千鶴,加藤隆浩編　A５判 224 頁 2400 円
■この数十年でめまぐるしい変化を遂げ、グローバル化の中で新たな姿を見せ始めたメキシコは、今政治、経済、文化、芸術、観光、移民、先住民などあらゆる面から根底的に問い直す時期に入っている。

バルン・カナン 九人の神々の住む処　ロサリオ・カステリャノス/田中敬一訳　四六判 336 頁 2500 円
■20 世紀フェミニズム小説の旗手カステリャノスが、インディオと非インディオの確執を中心に、不正や迫害に苦しむ原住民の姿を透徹したリアリズムで描く。

ピト・ペレスの自堕落な人生 ホセ・ルベン・ロメロ/片倉充造訳・解説
■四六判 228 頁 2000 円 ■本国では４０版を数える超ロングセラーの名作であり、スペイン語圏・中南米を代表する近代メキシコのピカレスク小説。

カネック あるマヤの男の物語　E.A.ゴメス／金沢かずみ訳・野々口泰代絵　四六判 208 頁 1800 円
■村は戦争のまっただなか。武装したインディオの雄叫び。カネックの名がこだまする！——現代マヤの一大叙事詩

ラテンアメリカの民衆文化 加藤隆浩編　A５判 296 頁 2600 円　■テレノベラ、ルチャ・リブレ、宗教的祝祭、癒しの死神、民衆宗教、民族衣装、怪物人種イメージ、サッカー、民衆芸術、タンゴ、食文化、ほか。

ラテンアメリカの教育改革 牛田千鶴編　A５判 204 頁 2100 円
■ナショナリズム・「国民」の形成と教育改革／政治的マイノリティをめぐる教育改革／新自由主義下の教育改革／等

ラテンアメリカの女性群像 その生の軌跡　加藤隆浩・高橋博幸編　A５判３６８頁２８００円
■先スペイン期からのラテンアメリカ史を力強くまた華麗に彩る女たちを、時代と社会におけるその赤裸々な生とともに描く。

移民の町サンパウロの子どもたち ドラウジオ・ヴァレーラ/伊藤秋仁監訳
A５判 208 頁 2000 円 ■ブラジルの著名な医師であり作家でもある著者の少年時代の回想記。サンパウロで暮らす移民とその子どもたちの生活の様子を生き生きと描く。ブラジルを理解し、より身近に感じることができるコラムも収録する。

シモン・ボリーバル ラテンアメリカ独立の父　神代修　A５判 220 頁 2400 円
■愛馬を駆って南米大陸を駈け抜けた男。軍人にして政治家、思想家にしてラテンアメリカの解放者。日本における初の評伝！

南米につながる子どもたちと教育 複数文化を「力」に変えていくために　牛田千鶴編
A５判 264 頁 2600 円 ■日本で暮らす移民の子どもたちを取り巻く教育の課題を明らかにするとともに、彼（女）らの母語や母文化が生かされる教育環境とはいかなるものかを探る。

グローバル化時代のブラジルの実像と未来 富野幹雄 編　A５判 272 頁 2500 円
■第 1 部「過去からの足跡」、第 2 部「多様性と不平等」、第 3 部「現下の諸相と将来への息吹き」

ガルシア・ロルカの世界 ガルシア・ロルカ生誕 100 周年記念　四六判 288 頁 2400 円
■木島始,岸田今日子,松永伍一,鼓直,本田誠二,野々山真輝帆,小海永二,小川英晴,原子修,川成洋,佐伯泰英,福田善之,飯野昭夫,ほか

セルバンテス模範小説集 コルネリア夫人・二人の乙女・イギリスのスペイン娘・寛大な恋人　樋口正義訳
A５判 212 頁 2600 円 ■この４篇をもって模範小説集の全邦語訳成る。小品ながら珠玉の輝きを放つ佳品３篇と、地中海を舞台に繰り広げられる堂々たる中篇と。

立ち枯れ/陸に上がった人魚 [イスパニア叢書８巻]A.カソナ/古家久世・藤野雅子訳　四六判 240 頁 2200 円 ■
現代スペインを代表する戯曲作家アレハンドロ・カソナのもっとも多く訳されもっとも多く上演された代表作 2 篇

スペイン関係文献目録 坂東省次編　B５判上製箱入 400 頁 8000 円
■1868 年以来日本で刊行されたスペイン関係の書籍、論文、記事、紀要、論集、雑誌、新聞などを網羅する研究成果を提示。

ラ・ガラテア／パルナソ山への旅 セルバンテス／本田誠二訳・解説　A５判 600 頁 5600 円 ■セルバンテスの処女作『ラ・ガラテア』と、文学批評と文学理論とを融合したユニークな彼にとっての〈文学的遺書〉ともいえる自伝的長詩『パルナソ山への旅』を収録する。

「ドン・キホーテ」事典 樋口正義・本田誠二・坂東省次・山崎信三・片倉充造編　A５判上製 436 頁 5000 円
■『ドン・キホーテ』刊行 400 年を記念して、シェイクスピアと並び称されるセルバンテスについて、また、近代小説の先駆とされる本書を全体的多角的にとらえ、それの世界各国における受容のありようについても考える。

賽の一振りは断じて偶然を廃することはないだろう 付：フランソワーズ・モレルによる解釈と注
マラルメ／柏倉康夫訳　B４変型 6000 円 ■最後の作品となった『賽の一振り･･･』は、文学に全く新たなジャンルを拓くべく、詩句や書物をめぐる長年の考察の末の、マラルメの思索の集大成とも言える。自筆稿や校正への緻密な指示なども収める。

マラルメの火曜会 神話と現実　G.ミラン／柏倉康夫 訳　A５判 190 頁 2000 円
■パリローマ街の質素なアパルトマンで行なわれた伝説的な会合……詩人の魅惑的な言葉、仕草、生気、表情は多くの作家、芸術家をとりこにした。その「芸術と詩の祝祭」へのマラルメからの招待状！

交差する眼差し ラテンアメリカの多様な世界と日本　浅香幸枝 編　A５判 304 頁 2800 円
■ラテンアメリカ地域は人の移動により国民国家が形成され、様々な民族からなる文化の多様性を持っている。その実像を多面的に明らかにしつつ、ラテンアメリカと日本との相互理解の促進をも目指している。

新たな宗教意識と社会性 ベルジャーエフ／青山太郎訳　四六判 408 頁 4000 円
■ペテルブルグ時代の本書は、宗教的アナーキズムへの傾向を示す。「しかし私の内部では、あるひそかな過程が遂行されていた」。

創造の意味 ベルジャーエフ／青山太郎訳　四六判 568 頁 4500 円
■「この書物は私の疾風怒濤の時代にできたものである。これはまた、比類のない創造的直感のもとで書き下されたものだ」

共産主義とキリスト教 ベルジャーエフ／峠尚武訳　四六判 352 頁 4000 円
■「キリスト教の価値……」「キリスト教と階級闘争」「ロシア人の宗教心理……」など、彼の〈反時代的考察〉7本を収録。

ベルジャーエフ哲学の基本理念 実存と客体化　R.レスラー/松口春美訳　四六判３３６頁２５００円
■第１部：革命前におけるベルジャーエフの思想的変遷――実存と客体化にかかわる重要なテーマを提示するとともに、その思想的基盤をも概観する。第２部：ベルジャーエフの中期および後期著作における客体化思想の基礎づけ

『ドン・キホーテ』を読む 京都外国語大学イスパニア語学科編　A５判 264 頁 2200 円
■カナヴァジオ、アレジャーノ、フェルナンデス、清水憲男、本田誠二、樋口正義、斎藤文子、山田由美子、世路蛮太郎、他

ドン・キホーテ讃歌 セルバンテス生誕 450 周年　四六判 264 頁 1900 円
■清水義範,荻内勝之,佐伯泰英,ハイメ・フェルナンデス,野々山真輝帆,坂東省次,濱田滋郎,川成洋,山崎信三,片倉充造,水落潔ほか

ドン・キホーテへの誘い 『ドン・キホーテ』のおいしい読み方　古家久世　A５判 184 頁 1600 円
■すでに読んだ人もこれから読む人にも、ドン・キホーテの心理をもう少し掘り下げながら全体像を楽しくつかんでいただけたらと願い、原作の章を追いながら、物語のハイライトや『ドン・キホーテ』のあれこれをまとめてみた。（「まえがき」より）

ガリシアの歌 上・下巻　ロサリア・デ・カストロ／桑原真夫編・訳　A５判 上 208 頁・下 212 頁 各 2400 円
■あぁガリシア、わが燃ゆる火よ…ガリシアの魂。

約束の丘 コンチャ・R・ナルバエス／宇野和美訳・小岸昭解説　A５判 184 頁 2000 円 ■スペインを追われたユダヤ人とのあいだで４００年間守りぬかれたある約束……時代が狂気と不安へと移りゆくなか、少年たちが示した友情と信頼、愛と勇気。

スペインの女性群像 その生の軌跡　高橋博幸・加藤隆浩編　A５判 352 頁 2800 円
■中世から現代までスペイン史を力強くまた華麗に彩る女性たちを、時代と社会におけるその赤裸々な生とともに描ききる。

スペイン語世界のことばと文化 京都外国語大学イスパニア語学科編　A５判 224 頁 2000 円 ■
第１部文学の世界　第２部言語の世界　第３部文化と歴史

スペイン歴史散歩 多文化多言語社会の明日に向けて　立石博高　四六判 160 頁 1500 円
■ＮＨＫ講座テキストへの連載エッセイを中心に、スペインを深く知るには欠かせない歴史上の出来事やエピソードを満載。

バルセロナ散策 川成洋・坂東省次編　A５判 336 頁 3500 円
■惨澹たる成功と雄々しき挫折、再生、変身、無限の可能性を秘めた都市（まち）バルセロナ！

ベガ・インクラン スペイン・ツーリズムの礎を築いた人　ビセンテ・トラベル・トマス／小川祐子訳
■A５判上製 240 頁 2800 円 ■パラドールの創設者としても知られるベガ・インクランは近年のツーリズム研究のなかで、その先見性と共に評価・研究の対象として論じられるようになった。

吹き抜ける風 スペインと日本、ちょっと比較文化論　木下 登　四六判 168 頁 1500 円
■人と街と芸術と／レストランからのぞいたスペイン社会／ある思想家：ホセ・オルテガ・イ・ガセット／ある歴史家：アメリコ・カストロ／ある哲学者：ハビエル・スビリ／スペインの豊かさとは／ほか

倫理の大転換 スピノザ思想を梃子として　大津真作　A５判 296 頁 3000 円 ■『エチカ』が提起する問題／神とは無限の自然である／神の認識は人間を幸せにする／精神と身体の断絶／観念とその自由／人間の能力と環境の変革について 他

近代科学と芸術創造　19〜20 世紀のヨーロッパにおける科学と文学の関係　真野倫平編
A5判 456 頁 4000 円　■学際的視点から、19〜20 世紀にかけてのヨーロッパにおける科学ならびに技術の発達を明かにし，それが同時代の文学作品・芸術作品にいかに反映されているかを解明する。

実在のノスタルジー　スーリオ美学の根本問題　春木有亮　A5判 224 頁 2200 円
■美学それ自体が問題であったスーリオにおいて、問題に答えていくことによって〈問題〉そのものを定立する、というかたちを採る。

近世哲学史点描　デカルトからスピノザへ　松田克進　四六判 256 頁 2500 円　■デカルト的二元論は独我論に帰着するか／デカルト心身関係論の構造論的再検討／デカルト主義の発展／スピノザと主観性の消失／自己原因論争の目撃者としてのスピノザ／スピノザと精神分析／環境思想から見たスピノザ／決定論者はなぜ他人に感謝できるのか——対人感情と自由意志

宮沢賢治　銀河鉄道と光のふぁんたじあ　大石加奈子　四六判 168 頁 1800 円
■『銀河鉄道の夜』に潜む意外な科学性を明らかにするとともに、まったく新しい視点からファンタジックに分け入る独創。

映画の文体　テクニックの伝承　杉山平一　四六判 272 頁 2500 円
■文学がストーリーではなく文体であるように、映画もまたストーリーではなく映像の駆使によって輝く。杉山映画美論集成。

デュルケーム宗教社会学論集　小関藤一郎・山下雅之訳　A5 判上製 300 頁 3500 円
■デュルケームが、研究生活の初期から晩年に至るまで、宗教社会学に関して発表した論文、言説、論述を網羅して集成。

デュルケムの教育論　J-C フィユー編／古川敦訳　A5判 274 頁 3000 円
■教育に関するデュルケムのテキストを総体的に捉え直し、彼の教育学説そのものを徹底的に検証する画期的な労作。

デュルケムによる《教育の歴史社会学》　「秩序」の交替と「人間類型」の変遷　古川 敦
■A5判上製 450 頁 5000 円　■デュルケムによって展開された〈教育事象にかんする歴史社会学的考察〉の現代的意義。

「政治哲学」のために　飯島昇藏・中金聡・太田義器 編　A5判 392 頁 3500 円
■エロス 政治的と哲学的／マキァヴェッリと近代政治学／レオ・シュトラウスとポストモダン 他

近世哲学史点描　デカルトからスピノザへ　松田克進　四六判 256 頁 2500 円　■デカルト的二元論は独我論に帰着するか／デカルト心身関係論の構造論的再検討／デカルト主義の発展／スピノザと主観性の消失／自己原因論争の目撃者としてのスピノザ／スピノザと精神分析／環境思想から見たスピノザ／決定論者はなぜ他人に感謝できるのか——対人感情と自由意志

マイスター・エックハルトの生の教説　松田美佳　四六判 288 頁 2600 円
■トマスの倫理学との比較においてエックハルトの、いわばヴェールにつつまれた神秘的な言説を脱神秘化し彼の思想構造を解明する。

還元と贈与　フッサール・ハイデッガー論攷　J-L・マリオン／芦田宏直ほか訳　A5判 406 頁 4000 円
■〈ドナシオン〉を現象学的〈還元〉の中心に据え、『存在と時間』のアポリアを越えて、現象学の最後の可能性を指し示す。

近現代世界における文明化の作用「交域」の視座から考える　大澤広晃ほか編　A5判 200 頁 2200 円
■地域横断的な比較の視座と、さまざまな分野の専門家がそれぞれの視点から、ヨーロッパ、アジア、アフリカを対象に、文明化の作用を歴史の具体的な相において捉えようとする。

ジンメルとカント対決　社会を生きる思想の形成　大鐘武 編訳　A5判 304 頁 3800 円
■形式社会学の創始者でもあるジンメルが、個人と社会との関係をめぐり社会学を哲学との緊張関係のもとにおいて取り組む。

ラショナリスムの学問理念　デカルト論考　三嶋唯義　A5判 300 頁 3000 円
■「理性」を語り、「学問とは何か」を探求するのは容易ではない。本書は、思想史研究を通じてこれを超える「学問とは何か」に迫る。

医 の 哲 学　[第３刷] 共感と思いやりの医学論　池辺義教　四六判 240 頁 2400 円
■技術の急伸で医療の姿勢、哲学が問われているが、医を、医師がほどこすものとしてではなく、共感と思いやりと位置づけ、これに根源的な考察を加える。医学・医療系の大学・専門学校テキストとしても使いよいと好評。

「神の国」論　アウグスティヌス、平和と秩序　É.ジルソン／藤本雄三 訳・著　四六判上製 294 頁 2500 円
■普遍的社会の問題／「神の国」と普遍的社会／キリスト教的知恵と世界社会／「神の国」の一般的特徴／創造と造られたもの、他

カール・ヤスパース　その生涯と全仕事　ジャンヌ・エルシュ／北野裕通・佐藤幸治訳　四六判 260 頁 2000 円
■ヤスパースの生涯（第１部）、彼の思想について（第２部）、厖大な著作からの抜粋（第３部）、および著作・研究書の一覧

カント『第一序論』の注解　H・メルテンス／副島善道訳　A5判 320 頁 3200 円　■これまでの研究を踏まえ、さらに大きな一歩を刻む労作。著者は、『第一序論』を、カントの体系観が独自の深まりの中で結晶化したものと捉える。

カントの目的論　J・D・マクファーランド／副島善道訳　A5判２２０頁 2500 円
■自然科学の正当化/理性の理念と目的論/カントの小作品における目的論/目的論的判断力の分析論/目的論的判断力の弁証論/ほか

カントにおける形而上学と経験　W・ブレッカー／峠尚武訳　A5判２２６頁２０００円　■本書が意図するところは、形而上学と経験についてのカントの問いの全容を示し、カントの思想の大路を見失わぬように、ということにある。

カント『純粋理性批判』注解　[上品切れ・下]　ケンプ・スミス／山本冬樹訳　A5判総 1110 頁各巻 6000 円

判断力批判への第一序論　I・カント／副島善道訳・校訂　四六判１９２頁２０００円　■マイナー版を底本に、アカデミー版とズールカンプ版校合して訳出した本書は、メルテンス『カント「第一序論」の注解』の姉妹版でもある。

思索の森へ　カントとブーバー　三谷好憲　Ａ５判３４０頁３５００円　内面化された仕方で念仏に深く根ざすと共に他方、西欧思想の骨格の一つをなすカント哲学への持続的な取り組みによって西欧世界の精神構造をほとんど身をもって理解する。

近代思想の夜明け　デカルト・スピノザ・ライプニッツ　S・メローン／中尾隆司訳　四六判 192 頁１600 円
■「天才の世紀」に「永久の記念碑」を遺した偉大な哲学者の独創性を浮き彫りにし、その体系の論理的基盤に批判的照明をなげかける。

デカルトの誤謬論　池辺義教　Ａ５判２４４頁２８００円
■デカルト哲学の核心にある真の単純さに迫る道はどこにあるのか？　著者は、生成途上のデカルト哲学をデカルトと共に哲学する。

空間の形而上学　副島膳道　Ａ５判１６４頁２２００円　■思考活動には空間が必要であること／イデア：それはどこにあるのか？／表現される空間／イデアが創り出す空間／時間は流れ、空間は生成する／ほか

古代ギリシァの思想と文化　松田禎二　Ａ５判 264 頁 2000 円
■来るべき世界文明において無条件に古典の地位を占める古代ギリシァに、文芸、哲学他さまざまな角度からその魅力に迫る。

ヘルムート・シュミット対談集　回顧から新たな世紀へ　田村万里・山本邦子訳　Ａ５判 200 頁 2000 円
■リー・クワン・ユー、ジミー・カーター、シモン・ペレス、ジスカールデスタン、ダーレンドルフ、ゴルバチョフ、キッシンジャー、ヘルムート・コールらとの対談集。

古代ローマの思想と文化　松田禎二　A5 判 248 頁 2000 円　■ウェルギリウス/キケロ/セネカ/マルクス・アウレリウス/ルクレティウス/プロティノス/アウグスティヌス/ボエティウス

若きヘーゲルの地平　そのアポリアと現代　武田趙二郎　四六判２５６頁２２００円
■我々に要請されるのはヘーゲル思想の神秘的超出ではなく、ヘーゲルの突きつけるアポリアの中から新たな地平を切り開くことだ。

時間体験の哲学　佐藤透　Ａ５判２４２頁３８００円
■時間のリアリズムとイデアリズム／時間の現象学的研究／時間体験の形而上学／ベルクソンにおける時と永遠、ほか

自然神学の可能性　ハーツホーン／大塚稔訳　四六判 240 頁 2500 円　■「神」という言葉の哲学的使用法と宗教的使用法／神の存在証明／なぜ経験的証明はありえないか／有神論、科学、宗教／神への抽象的かつ具体的接近、ほか

現代世界における霊性と倫理　宗教の根底にあるもの　山岡三治、西平直 ほか　四六判 220 頁 2000 円
■カトリック、プロテスタント、ヒンドゥー、ユダヤ、禅宗・・・・・を深く掘り下げ、その〈根底にある深いつながり〉を求める。

至誠心の神学　東西融合文明論の試み　延原時行　四六判 228 頁 2000 円　■日本の文明の危機はまさに「マッハの壁」に突入しつつある。精神の深みで死にたえないためには、その中枢にあるべき精神性の原理が不可欠である。

宗教哲学入門　W・H・キャピタン／三谷好憲ほか訳　Ａ５判３０４頁２０００円
■中世における有神論の占めた高い地位から、現代世界におけるそれの機器にいたるまでの宗教の哲学的吟味は洞察力に満ちている。

大地の神学　聖霊論　小野寺功　四六判 260 頁 2500 円　■日本的霊性とキリスト教／場所的論理と宗教的世界観／三位一体のおいてある場所／聖霊論／聖霊神学への道／日本の神学を求めて、ほか

仏教的キリスト教の真理　信心決定の新時代に向けて　延原時行　四六判３５２頁３８００円
■在家キリスト教の道を歩む過程で滝沢克己にまたＪ.カブに出会い、今仏教とキリスト教の対話の彼方に新たな道を照らし出す。

アウグスティヌスの哲学　Ｊ・ヘッセン／松田禎二訳　四六判１４４頁１300 円
■著者は、アウグスティヌスの精神の奥深くでいとなまれる内面的な生成の過程を、深い共感をもって遍歴する。

生活世界と歴史　フッセル後期哲学の根本特徴　Ｈ・ホール／深谷昭三訳　Ａ５判１４８頁 1600 円
■フッセル未公刊の諸草稿群を駆使し、自己自身を超えて出て行く、苦悩にみちた後期フッセル哲学の問題点を明快に抉り出す。

女性キリスト者と戦争　奥田暁子,加納実紀代,早川紀代,大里喜美子,荒井英子,出岡学　四六判 300 頁 2600 円
■戦時体制とキリスト教幼稚園/戦時下のミッションスクール／植村環:時代と説教／帝国意識の生成と展開:日本基督教婦人矯風会の場合／大陸政策の中の北京愛隣館／小泉郁子と「帝国のフェミニズム」

三次元の人間　生成の思想を語る　作田啓一　四六判 222 頁 2000 円
■遠く、内奥へ──学問はどこまで生の実感をとらえうるか。超越と溶解の原理をもとに人間存在の謎に迫る作田人間学。

宗教と政治のインターフェイス　現代政教関係の諸相　丸岡・奥山 編　A5 判 288 頁 2600 円　■近年、世界の様々な地域で宗教が政治的課題となる事態が頻繁に発生しており、その形も多様である。本書は、こうした宗教の公共空間への再登場という今日的現象を地域ごとに比較検討する。

政治と宗教のはざまで　ホッブズ,アーレント,丸山真男,フッカー　高野清弘　Ａ５判 304 頁 2000 円
■予定説と自然状態／私の丸山真男体験／リチャード・フッカーの思想的出立／フッカー──ヤヌスの相貌、ほか

女性・戦争・人権 22 号　女性・戦争・人権学会編　［特集］日本軍「慰安婦」問題をどう教えるか・どう学ぶか？　Ａ５判 2000 円　■加藤圭木、平井美津子、良香織、秋林こずえ、岡野八代、池内靖子、土野瑞穂、堀田義太郎、金友子

僑　郷　華僑のふるさとをめぐる表象と実像　川口幸大・稲沢努編　Ａ５判 318 頁 3000 円
■僑郷すなわち中国系移民の故郷が中国国内、移住先、さらに世界規模の政治的経済的動態の中でいかにして構築され変容し新たなイメージを賦与されて創造されているのかを、人類学的な視点から考察する。

《対話》マルセルとリクール ／三嶋唯義訳　Ａ5判 140 頁 1600 円
■かつての弟子リクールを対話者に、マルセル哲学の源泉などをテーマに、率直な批判的検討、含蓄に満ち示唆に富む対話を行なう。

古典ギリシァの人間観 松田禎二　Ａ5判 240 頁 2000 円
■勇士アキレウスの人物像／英雄たちと運命／旅人としての人間／農民と労働／運命と人間の悲劇／悲劇の中の女性像／歴史の中の人物像／戦争と人間性／ソークラテースの愛／他

シュライエルマッハーの美学と解釈学の研究 岡林洋　Ａ5判２７４頁 4000 円
■「芸術宗教」を越えて／美学思想形成期におけるシェリングの影響／美学の弁証法的基礎づけ／美的批評の倫理学的基礎づけ／等

シェリングとその時代 ロマン主義美学の研究　神林恒道　Ａ5判　284 頁　3000 円　ロマン主義芸術論

「満州移民」の歴史社会学 蘭 信三　Ａ5判　364 頁　4000 円
■これまでほとんど手付かずであった「満州移民」の本格的研究の中に、戦後の日本社会を凝縮された形で見ることができる。

地域表象過程と人間 地域社会の現在と新しい視座　寺岡伸吾　Ａ5判　312 頁　2500 円
■具体的な[村の物語]の中に、そこに住む人々の創り出す現実のダイナミズムを見据え、新たな「場所」のリアリティを探る。

アメリカ研究統合化の役割としての「映画」 宮川佳三編　A5判 2400 円
■アメリカの映画は政治、経済、人種関係、社会や文化を写し出し、鏡のごとき作用を持っている。

「生きる力」を語るときに教師たちの語ること 濱元伸彦　Ａ5判 296 頁 3000 円
■本書の関心は、文科省が教育全体の理念として掲げる「生きる力」について、現場の教師たちがどのようの理解し、それについてどのように語るのか、にある。

遺族の声とどく 京都・大阪靖国訴訟証言集　靖国神社公式参拝に抗議する会編　Ａ5判　484 頁 6000 円
■公式参拝に抗議する遺族は圧倒的少数であるからこそ、これこそが遺族の真の願いであるはずだということを強く訴える。

近江商人の里・五個荘 その伝統と現在　ロ羽益生編　Ａ5判 286 頁 3000 円
■琵琶湖湖東のまち五個荘町について、その現状を多面的に分析するとともに、変動期の地域社会がかかえる問題点を探る。

僑郷　華南 華僑・華人研究の現在　可児弘明編　Ａ5判 244 頁 2500 円　■従来の華僑研究は、移民先のコミュニティ研究が中心であったが、その故郷〈僑郷〉に焦点当て新しい〈華南〉像を探る。

現代家族の変貌 国際比較による総合的研究　中 久郎 編　Ａ5判　512 頁　5000 円
■現代社会の縮図ともいえる変貌過程にある現代家族のありようを、国際比較の視点にたって学際的多角的総合的に検討する。

現代韓国の家族政策 伊藤公雄・春木育美・金香男 編　Ａ5判 248 頁 2500 円
■家族法改正と戸主制廃止運動、現代韓国の家事と主婦、韓国の人口政策と家族、韓国の少子化政策と政策的文脈、韓国の高齢者問題と高齢者福祉、シングル女性の実態、等

現代中国社会の変動と中国人の心性 富田和広　Ａ5判 136 頁 1800 円
■革命以降の中国社会の変化は大きな社会変動をともなった。こうした社会変動にたいする民衆心性の関係について考察する。

現代中国の底流 痛みの中の近代化　橋本満・深尾葉子編訳　Ａ5判 538 頁 4000 円
■経済政策の変換によって大きな変化をとげた中国社会の、その変化の影で動いた人間関係や組織を顕在化させて描く。

高齢者の社会参加活動と福祉サービス 日本・アイスランドのナーシングホーム　榎本和子
Ｂ6判 204 頁 2500 円　特養入所高齢者の社会参加活動推進のために必要なコミュニティを基盤とする福祉サービスとは。

黒龍潭 ある中国農村の財と富　羅 紅光　Ａ5判 328 頁 3500 円
■中国北部農村における財をめぐる儀礼の研究。黒龍潭の人々の「生意」と「小康生活」を通して、独自の文化的秩序を探る。

幸せをよぶコミュニケーション サップ式からエスペール法へ　J.サロメ／谷田憲俊監訳　Ａ5判 2400 円
■家庭や学校、職場でのコミュニケーションの問題を、その根本から考え解決していくための、現代社会に必須の手引書。

詩墨集 **詩の旅 心の旅** 書 山本万里　詩 田中国男＋対談　Ｂ5判 168 頁 2500 円　■美と情感の書家と生の根源にせまる詩人との出会い…墨と余白の宇宙に生命の〈うた〉が呼応する。

社会福祉の理念と技法 中 久郎 編　Ａ5判　228 頁　2500 円
■社会福祉活動にとっての基本理念に立って、福祉のさまざまな分野にわたる方法や技法、心のケア等についての総合的探求。

地域表象過程と人間 地域社会の現在と新しい視座　寺岡伸吾　Ａ5判　312 頁　2500 円
■具体的な[村の物語]の中に、そこに住む人々の創り出す現実のダイナミズムを見据え、新たな「場所」のリアリティを探る。

民主化過程の選挙 地域研究から見た政党、候補者、有権者　吉川洋子編　Ａ5判 312 頁 2600 円
■比較政治学、国際関係論、地域研究、人類学など多様なアプローチと対象地域により、選挙民主主義の概念と要件、機能をより包摂的で包括的なものへと再構築する。

中国社会学史 韓 明謨／星明 訳　Ａ5判 264 頁 3200 円
■中国の社会学が誕生し、一時の廃止を経て復活･再建されたという複雑な歴史は、まさに中国社会の変遷を全体的に反映する。